[Wissen für die Praxis]

Weiterführend empfehlen wir:

Digitale Arbeit, E-Government, Arbeit 4.0
ISBN 978-3-8029-1584-0

Agile Arbeit: Chancen und Risiken für Arbeitnehmer
ISBN 978-3-8029-1606-9

Arbeit sichern: Positives Krisenmanagement
ISBN 978-3-96186-1611-3

E-Mail: WALHALLA@WALHALLA.de
http://www.WALHALLA.de

Walhalla Fachverlag · Haus an der Eisernen Brücke · 93042 Regensburg
Telefon 0941 5684-0 · Telefax 0941 5684-111

WALHALLA

Marcus Schwarzbach

Vorsitz im Personalrat

Führung, Delegation, Motivation – Besondere Herausforderungen meistern

Bibliografische Information der Deutschen Nationalbibliothek
Die Deutsche Nationalbibliothek verzeichnet diese Publikation in der Deutschen Nationalbibliografie; detaillierte bibliografische Daten sind im Internet über www.dnb.de abrufbar.

Zitiervorschlag:
Marcus Schwarzbach, Vorsitz im Personalrat
Walhalla Fachverlag, Regensburg 2023

Hinweis: Unsere Werke sind stets bemüht, Sie nach bestem Wissen zu informieren. Alle Angaben in diesem Buch sind sorgfältig zusammengetragen und geprüft. Durch Neuerungen in der Gesetzgebung, Rechtsprechung sowie durch den Zeitablauf ergeben sich zwangsläufig Änderungen. Bitte haben Sie deshalb Verständnis dafür, dass wir für die Vollständigkeit und Richtigkeit des Inhalts keine Haftung übernehmen.
Bearbeitungsstand: September 2023

Produktion: Walhalla Fachverlag, 93042 Regensburg
Printed in Germany
ISBN 978-3-8029-1012-8

Schnellübersicht

Vorwort 7

Die Aufgaben des Vorsitzenden 11 **1**

Führungskompetenz im Personalrat 17 **2**

Sitzungsleitung: Herausforderung für den Vorsitzenden 27 **3**

Zusammenarbeit im Personalrat als Team 43 **4**

Delegieren 57 **5**

Agieren statt Reagieren: Arbeitsteilung in der Praxis 71 **6**

Einbezug der Belegschaft 89 **7**

Verhandlungen führen 95 **8**

Beratungsgespräche mit Beschäftigten 105 **9**

Konfliktmanagement als Aufgabe des Vorsitzenden 113 **10**

Changemanagement: Veränderungen in der Verwaltung 127 **11**

12 Selbstcoaching: Stärken und Schwächen erkennen 137

13 Literaturverzeichnis 147

14 Stichwortverzeichnis 149

Die besondere Rolle des Vorsitzenden

Die Arbeitswelt verändert sich radikal. Tätigkeiten verändern sich, neue Managementstrategien und Digitalisierung spielen eine große Rolle. Die Anforderungen an die Arbeit von Personalräten steigen daher zunehmend. Sie müssen eine Reihe von Entscheidungen treffen, die nicht selten eine enorme Tragweite haben. Insbesondere der Personalratsvorsitzende ist dabei gefordert. Er sollte über besondere Kompetenzen verfügen, denn einerseits ist das Gremium aufgrund der Beschlüsse zu vertreten, andererseits hat der Vorsitzende dem Dienstherrn gegenüber überzeugend aufzutreten.

Interne Konflikte machen auch vor dem Personalratsgremium keinen Halt. Führungskompetenzen im klassischen Sinne helfen dem Vorsitzenden nicht weiter, da kein Weisungsrecht gegenüber den einzelnen Mitgliedern des Gremiums besteht. Ähnlich wie bei der Personalführung sind folgende Kompetenzen auch für den Vorsitzenden bedeutsam:

- **Planung**

  Ziele sind festzulegen und Pläne zur Verwirklichung der Ziele sind zu entwickeln.
- **Organisation**

  Ressourcen müssen eingeschätzt und die Arbeitsverteilung geplant werden.
- **Delegation**

  Aufgaben sind zu delegieren.
- **Kontrolle**

  Ein wichtiger Bereich ist die Kontrolle, ob die Ziele auch erreicht werden.
- **Motivation**

  Die Motivation der Mitarbeiter ist eine wichtige Aufgabe einer Führungskraft.

Diese wichtigen Elemente werden in diesem Band detailliert dargestellt. Erfolgreiche Vorsitzende zeichnen sich durch ein hohes Maß an Verantwortungsbewusstsein, Gerechtigkeitsempfinden und Teamfähigkeit aus. Gemeint sind damit die Fähigkeiten, in Konfliktsituationen Lösungen finden zu können oder motivierend auf andere Personalratsmitglieder wirken zu können. Die Leitung der

Sitzung, das Gespräch mit Kolleginnen und Kollegen sowie Verhandlungen mit der Dienststellenleitung erfordern besondere Fähigkeiten, die ein Vorsitzender jeden Tag aufs Neue beweisen muss. Die Arbeit im Team – die gemeinsame Problemlösung im Gremium – gehört zu den elementaren Fähigkeiten des Vorsitzenden.

Konflikte können dabei nicht ausbleiben und müssen innerhalb des Personalrats ebenso wie gegenüber der Dienststellenleitung angegangen werden. Die Rolle des Personalrats gegenüber den Beschäftigten kann es dabei auch sein, Motivation zu wecken, sich für die eigenen Ziele einzusetzen und dem Arbeitgeber gegenüber klarzumachen, dass die vom Personalrat vorgetragenen Vorstellungen auch denen der Belegschaft entsprechen. Die Belegschaftsstrukturen spiegeln sich häufig auch in der Zusammensetzung des Personalrats wider und stellen erhöhte Anforderungen an die Zusammenarbeit im Gremium, die ein Zusammenwachsen als Team erschweren kann. Auch hat das Verhältnis Mitarbeitendenvertretung, Geschäftsleitung und Belegschaft meist eine Geschichte. Umstrukturierungen, die Einführung neuer Technik oder die Ausgliederung von Arbeit bestimmen oftmals den Arbeitsalltag und wirken häufig nicht nur in den Empfindungen der Beschäftigten noch Jahre nach.

Wichtig für neugewählte und wiedergewählte Personalratsvorsitzende ist die Klärung des eigenen Rollenverständnisses:

- Welche Ziele hat der Personalrat und wie werden die Interessen verfolgt?
- Was soll in den nächsten Jahren erreicht werden?

Eine Kollektivvertretung zeichnet sich nicht nur durch die Zusammenfassung aller einzelnen Interessen aus, sondern muss übergreifend agieren und kann durchaus Positionen vertreten, die dem Wunsch einzelner Mitarbeiter auf den ersten Blick widersprechen und diesen gegenüber umfassend erläutert werden müssen. Der Personalratsvorsitzende ist deshalb besonders gefordert. Dies kann beispielsweise beim leidigen Thema Überstunden der Fall sein. Wenn eine Gruppe von Mitarbeitern den Antrag des Arbeitgebers auf Überstunden befürwortet, kann der Personalrat diesen trotzdem ablehnen, wenn so die Chance besteht, die Übernahme Auszubildender oder befristet eingestellter Arbeitnehmer durchzusetzen.

In der Praxis kann dies auch bedeuten, dass ein Mitarbeiter wütend auf den Personalrat ist und die Arbeit des Gremiums unsachlich kritisiert. Einige Wochen später kann dieser Mitarbeiter dann mit einem Problem – etwa einer Abmahnung oder einer schlechten Beurteilung – auf den Personalrat zugehen. Der Vorsitzende muss dann persönliche Befindlichkeiten zurückstellen und sachlich nach einer Lösung des Mitarbeiterproblems suchen können.

Die in diesem Band geschilderten Tipps für Vorsitzende sind auch bedeutsam für stellvertretende Vorsitzende oder freigestellte Personalratsmitglieder.

Die einzelnen Kapitel sind so aufgebaut, dass sie auch als „Modul" einzeln lesbar sind.

Meine Erfahrungen als Referent in Seminaren oder als Sachverständiger für Personal- bzw. Betriebsräte fließen in dieses Buch ein.

Für Fragen, Anregungen oder Kritik bin ich dankbar.

Zu erreichen bin ich per E-Mail unter: br-beratung-schwarzbach@web.de.

Marcus Schwarzbach

Die Aufgaben des Vorsitzenden

1. Wahl des Vorsitzenden ... 12
2. Beschlüsse als Grundlage des Handelns des Gremiums... 12
3. Sitzungen organisieren ... 13
4. Informationsmanagement ... 15

1. Wahl des Vorsitzenden

Jeder Personalrat, der mindestens aus drei Mitgliedern besteht, muss aus seiner Mitte einen Vorsitzenden und einen stellvertretenden Vorsitzenden wählen. Es ist jedoch nicht automatisch Vorsitzender, wer bei der Personalratswahl die meisten Stimmen erhalten hat.

Die Wahl des Vorsitzenden und des stellvertretenden Vorsitzenden kann nicht auf einen anderen Ausschuss übertragen werden. Die Wahl erfolgt in der konstituierenden Sitzung des Personalrats.

2. Beschlüsse als Grundlage des Handelns des Gremiums

Der Personalrat handelt als Kollegialorgan. Das bedeutet in der Praxis: Seine Entscheidungen müssen durch Beschlüsse getroffen werden.

Der Vorsitzende vertritt den Personalrat nur im Rahmen der gefassten Beschlüsse. Er hat die „Sprachrohrfunktion" des Gremiums inne und gibt Erklärungen dem Arbeitgeber oder der Dienststelle gegenüber ab, indem er mitteilt, was der Personalrat beschlossen hat. Dies kann beispielsweise die Zustimmung zu einer Einstellung ein.

Auch ist er befugt, Erklärungen, die dem Personalrat gegenüber abzugeben sind, entgegenzunehmen. Dies bedeutet, dass jede Erklärung, die gegenüber dem Vorsitzenden – im Falle seiner Verhinderung seinem Stellvertreter – mündlich oder schriftlich abgegeben wurde, damit zugleich dem Gremium zugegangen ist. Diese Funktion des Personalratsvorsitzenden wird als „Briefkastenfunktion" bezeichnet.

Mit dem Zugang der Erklärung beim Vorsitzenden beginnen gesetzlich festgelegte Fristen zu laufen. Wird eine abzugebende Erklärung nicht dem Vorsitzenden, sondern einem anderen Mitglied gegenüber abgegeben, wird dieses als Bote tätig. Sie wird erst wirksam, wenn sie dem Vorsitzenden oder dem Gremium als Ganzes zur Kenntnis gelangt. Der Personalrat kann in bestimmten Angelegenheiten andere Mitglieder als zuständig für die Entgegennahme von Erklärungen bestimmen, etwa bei der Übertragung von Aufgaben zur selbstständigen Erledigung auf Ausschüsse. Der Vorsitzende ist nicht verpflichtet, Erklärungen außerhalb der Arbeitszeit und außerhalb der Betriebsräume entgegenzunehmen; tut er dies doch, gilt die Erklärung als zugegangen.

Neben der Briefkasten- und der Sprachrohrfunktion kann der Vorsitzende wenige gesetzliche Aufgaben eigenständig – also ohne vorherigen Beschluss des Gremiums – wahrnehmen, etwa die Einberufung der Personalratssitzungen oder die Festlegung der Tagesordnung für diese Sitzungen.

Überschreitet der Vorsitzende seine Vertretungsbefugnis, indem er etwa ohne Beschlussfassung eine Dienstvereinbarung unterzeichnet, ist diese für das Gremium nicht bindend. Diese Vereinbarung wäre dann unwirksam.

Wichtig sind dabei aus Sicht des Vorsitzenden die weiteren Mitglieder des Gremiums. Die Tätigkeit der weiteren Mitglieder des Personalrats beschränkt sich nicht nur darauf, an Sitzungen lediglich teilzunehmen. Vielmehr ist es für eine effektive Arbeit des Personalrats unverzichtbar, die Arbeitsteilung so zu organisieren, dass möglichst alle Mitglieder einbezogen werden und Aufgaben übernehmen.

3. Sitzungen organisieren

Der Personalratsvorsitzende – im Verhinderungsfall der stellvertretende Vorsitzende – beruft die Sitzungen ein und leitet sie. Im Vorfeld sind organisatorische Fragen zu klären:

- Ist die Atmosphäre des Raums besprechungsfreundlich?
- Verfügt der Raum über ausreichend Tageslicht? Ist künstliche Beleuchtung ausreichend? Neonlicht unter der Decke trägt ebenso wenig zum Wohlfühlen der Sitzungsteilnehmer bei wie ein dunkles Hinterzimmer.
- Hat der Raum eine angemessene Größe für die Sitzung? Ist auch ausreichend Platz etwa für Flipchart oder Beamer vorhanden?
- Gibt es genügend Tische und Stühle?
- Ist die Anordnung der Tische und Stühle zur gemeinsamen Beratung geeignet? Können sich die Teilnehmer sehen und miteinander in Blickkontakt treten?
- Werden zusätzliche Räume für Gruppenarbeit benötigt?

1

Praxis-Tipp: Regelmäßige Sitzungstage – lieber kürzere statt weniger Sitzungen

Anzahl und Dauer der Sitzungen des Personalrats richten sich nach dem Arbeitsanfall und werden allein durch den Personalrat entschieden.

Eine Sitzung pro Woche sollte grundsätzlich auch in kleineren Dienststellen eingeplant werden. Sollte es weniger Themen zu besprechen geben, sollten kürzere statt weniger Sitzungen durchgeführt werden. Ein Tag pro Woche sollte als fester Sitzungstag reserviert werden.

Diese Vorgehensweise erleichtert allen Gremiumsmitgliedern die Planung, weil eine regelmäßige Abwesenheit leichter akzeptiert wird als eine unregelmäßige. Auch die Führungskraft hat so Planungssicherheit.

Eine „stille Stunde" zu Beginn des Sitzungstags bietet allen die Möglichkeit, sich auf die Tagesordnungspunkte besser vorzubereiten – oder Gespräche zu führen, die sonst häufig zu kurz kommen. Die Lesestunde spart Zeit in den Sitzungen, weil sich alle einlesen konnten und die Themen im Kopf haben. Von der Sache her wird es mit diesem Zeitpuffer leichter möglich, schnell und gut zu reagieren, wenn Fristen das erfordern.

Die Tagesordnung ist durch den Vorsitzenden rechtzeitig an die einzuladenden Personen zu übermitteln. Die Dienststellenleitung erhält eine Mitteilung über die Tagesordnung nur dann, wenn sie zu der Personalratssitzung eingeladen worden ist. Allerdings wird ihr dann nicht die gesamte Tagesordnung zugestellt, sondern nur das Thema mitgeteilt, zu dem sie teilnehmen soll.

Die Tagesordnung muss die Teilnehmer in die Lage versetzen, sich ordnungsgemäß auf die Personalratssitzung vorzubereiten. Das bedeutet: Die Tagesordnung muss aussagekräftig sein. Dies ist nur der Fall, wenn die zu behandelnde Angelegenheit konkret bezeichnet wird.

Ein Beispiel verdeutlicht die besonderen Anforderungen an den Vorsitzenden:

Beispiel:

Die Beratung über eine Kündigung darf nicht unter dem Tagesordnungspunkt „Personelles" abgehandelt werden.

Aussagekräftig ist bei diesem Beispiel dagegen der Tagesordnungspunkt:

„Beabsichtigte Kündigung von Herrn Franz Meier, Sachbearbeitung Kfz-Zulassung, zum XX.XX.XXXX

Beratung und Beschlussfassung"

4. Informationsmanagement

Eine wichtige Aufgabe des Vorsitzenden ist das Informationsmanagement. Damit alle Personalratsmitglieder über wichtige Angelegenheiten informiert sind, müssen die Informationen auch ankommen.

Einige Fragen können den Informationsaustausch erleichtern:

- Gibt es ein Verteilersystem?
- Wer erhält welche Informationen?
- Werden über Gespräche mit der Dienststellenleitung Protokolle geführt?
- Gibt es in den Sitzungen mündliche Berichte?
- Wie oft? Zu welchen Themen?
- Welche Informationen werden wo aufbewahrt (z. B. Dienstvereinbarungen, Protokolle, Schriftwechsel)? Wie lange?
- Wie werden regelmäßige Informationen gesammelt (z. B. Fachzeitschriften, Newsletter)?
- Gibt es Regelungen, wie wichtige und eilige Informationen weitergeleitet werden?

Bei mehreren Freigestellten sind tägliche Kurzbesprechungen sinnvoll, in anderen Fällen müssen zumindest schriftliche Informationen regelmäßig weitergegeben werden, um für den Sitzungstag einen vergleichbaren Informationsstand der Mitglieder sicher zu stellen.

Informationsmanagement besteht aus folgenden Elementen:

- Informationen sammeln
- Informationen ordnen
- Informationen weiterleiten

1

Das Sammeln ergibt sich im Personalratsbüro durch die eingehende Post. Diese Post sollte zielgerichtet verschiedenen Themengebieten zugeordnet werden, z. B.:

- Arbeitszeit
- Gesundheitsschutz
- Qualifizierungsmaßnahmen
- Einsatz neuer Technik

Das Ordnen dieser Unterlagen sollte im Gremium besprochen werden. Sofern Informationen für alle Mitglieder wichtig sind, müssen sie auch an alle weitergeleitet werden. Bei Entwicklung eines Ordnungssystems können folgenden Kriterien hilfreich sein:

- **Thema:** Welchem Thema sind die Informationen zuzuordnen?
- **Zielgruppe:** Wer benötigt die eingegangenen Informationen?
- **Wichtigkeit:** Wie bedeutsam sind die Infos? Was kann als Hintergrundinformation abgelegt werden?

Die sortierten Informationen müssen dann an die entsprechenden Personalratsmitglieder weitergeleitet werden. Von besonderer Bedeutung sind Informationen, bei denen – wegen gesetzlicher Fristen – Zeitdruck besteht.

Führungskompetenz im Personalrat

1. Die eigene Rolle finden 18
2. Die besondere Rolle des Vorsitzenden 18
3. Führungsverständnis 19
4. Motivation 24
5. Führung und Personalrat 25

1. Die eigene Rolle finden

Ein Personalratsmitglied vereint verschiedene Rollen in einer Person: Arbeitnehmer, also „normales" Belegschaftsmitglied, Kollege im Personalrat, Vorsitzender... Auch privat gilt es, unterschiedliche Rollen auszufüllen: Familienmitglied, Freund, Bekannter, Elternbeirat, Vereinsmitglied ...

2

Menschen, die uns in bestimmten Zusammenhängen treffen, erwarten etwas von uns. Sie geben uns eine Rolle. Eine jede Rolle hat mehrere Seiten:

- eine persönliche Seite

  Diese definiert die ganz besondere Art, wie ich eine Handlung vornehme.

- eine gesellschaftliche Seite

  Diese umfasst gesellschaftliche Zuschreibungen und Verhaltensregeln (z. B. „ein Mann weint nicht"); im Falle des Personalrats die Interessenvertretung im Sinne der Belegschaft.

Für jedes Personalratsmitglied bedeutet dies, die eigene Rolle zu klären. Bestimmende Fragen sind dabei:

- Welches Selbstverständnis habe ich?
- Wie würde ich, bildlich dargestellt, meine Rolle als Personalratsmitglied beschreiben? Verstehe ich mich als Schutzschild für die Belegschaft, als Steuermann, als Notarzt ...?

2. Die besondere Rolle des Vorsitzenden

Diese Rollenklärung betrifft vor allem den Vorsitzenden. Denn er hat – bezogen auf die Aufgabenverteilung im Gremium – zwei wichtige Rollen, da er

- einerseits Gremiumsmitglied ist und als solches von der Belegschaft gewählt wurde, und
- andererseits vom Gremium in das Amt als Vorsitzender gewählt wurde.

Diese Doppelrolle verbinden viele Vorsitzende mit der Vorstellung „Gleicher unter Gleichen" zu sein. Damit ist die Vorstellung verbunden,

- Führung im eigentlichen Sinne sei nicht erforderlich oder
- Macht, die mit Leitung eines Gremiums verbunden ist, wäre ohne Bedeutung.

Die Rolle des Vorsitzenden ist jedoch sowohl nach innen als auch nach außen eine besondere Rolle. Schon allein die Tatsache, dass er die Tagesordnung festlegt, schafft einen Abstand zu anderen Mitgliedern und bei der Leitung der Personalratssitzung hat er besonderen Einfluss.

Seine Rolle ist eng verbunden mit der Rolle des Repräsentanten. Um nach außen als Repräsentant etwa gegenüber der Dienststellenleitung auftreten zu können, muss der Vorsitzende bestätigt sein und auch ein tatsächliches Mandat besitzen.

Das Gremium wiederum beobachtet – möglicherweise auch misstrauisch – das Ansehen des Vorsitzenden bei der Geschäftsleitung. Der Vorsitzende muss seine Rolle immer wieder darlegen, seine Amtsführung erklären. Er kann dem Gremium gegenüber unter Rechtfertigungsdruck stehen, auch teilweise mit Vorwürfen. Deshalb muss er immer wieder um Zustimmung werben, auch wenn er schon mehrere Jahre im Amt ist. Dazu kann auch die Rolle des Mittlers im Betriebs- oder Personalrat gehören, um verschiedene Meinungen zusammen zu führen.

3. Führungsverständnis

Der Vorsitzende hat besondere Aufgaben. Er hat die Arbeit des Personalrats zu organisieren, indem Sitzungen durchgeführt werden und Beschlüsse erfolgen. Gegenüber der Dienststellenleitung ist der Vorsitzende Repräsentant der Beschlüsse des Personalrats. Diese Organisationsarbeit beinhaltet viele Elemente, die unter den Begriff der Führung fallen. Es soll deshalb zunächst dargestellt werden, was unter Führungsaufgaben im klassischen Sinne zu verstehen ist.

Auch in den Behörden bzw. der Verwaltung gibt es wie Arten der Führung:

- **Unternehmensführung**

  Wie auch in der privaten Wirtschaft werden bei der öffentlichen Hand und deren Institutionen übergreifende Organisationsziele festgelegt und grundlegende Strategien festgelegt – laut Corporate Governance Kodex die Fragestellung des „Guten Regierens".

Bei der kommunalen Unternehmensführung können dies beispielsweise auch Standards zur Steigerung der Effizienz, Transparenz und Kontrolle sein.

- **Personalführung**

  Durch die Personalführung sollen die Organisationsziele auf den einzelnen hierarchischen Ebenen umgesetzt werden. Dies erfolgt durch gezielte Einflussnahme auf das Verhalten der Mitarbeiter, etwa im Verhältnis von Teamleiter und einzelnen Mitarbeitern. Schwerpunkt für die Führungskraft ist aber nicht nur das Erreichen der Sachziele, sondern auch die Motivation der Mitarbeiter und die Zusammenarbeit im Team. Durch Weisungen konkretisiert der Vorgesetzte die Pflichten der Mitarbeiter, die sich aus dem Arbeitsvertrag ergeben.

Wichtige Elemente der Personalführung sind:

- **Planung**

  Ziele sind festzulegen und Pläne zur Verwirklichung der Ziele zu entwickeln. Dies erfolgt in der Praxis durch Teambesprechungen, Absprachen und Arbeitsanweisungen.

- **Organisation**

  Ressourcen müssen eingeschätzt und die Arbeitsverteilung geplant werden. Die Personaleinsatzplanung klärt, welcher Mitarbeiter in welchem Bereich welche Aufgaben zu erledigen hat.

- **Kontrolle**

  Ein wichtiger Bereich ist die Kontrolle, ob Ziele auch erreicht werden. Deshalb müssen auch Standards zur Bewertung der Arbeit entwickelt werden. Die Mitarbeiter müssen auch Rückmeldungen zu ihrer Arbeitsleistung erhalten.

Die Personalführung zeichnet sich durch unterschiedliche Führungsstile aus. Es gibt unterschiedliche Grundtypen:

- **Kooperativer Führungsstil**

  Der kooperative Führungsstil zeichnet sich durch gemeinsames Zusammenwirken von Vorgesetztem und Mitarbeiter aus. Der Vorgesetzte bezieht den Mitarbeiter in den Entscheidungsprozess mit ein. Die Führungskraft delegiert so viel wie möglich und schreibt so wenig wie nötig vor, benötigt vielmehr die fachliche Unterstützung des Mitarbeiters.

Gegenseitiger Respekt und Vertrauen bestimmen das Verhältnis von Vorgesetztem und Mitarbeiter. Der positive Effekt ist in der Regel die Entlastung des Vorgesetzten, der Aufgaben delegieren kann.

- **Autoritärer Führungsstil**

  Beim autoritären Führungsstil übt der Vorgesetzte starke Kontrolle aus. Der Mitarbeiter hat kaum Entscheidungsmöglichkeiten, seine Eigeninitiative kommt kaum zum Tragen. Folge dieses Führungsstils ist oft ein angespanntes Klima in der Arbeitsgruppe. Meinungen, Haltungen und Lösungsansätze des Vorgesetzten werden oft kritiklos übernommen.

- **Bürokratischer Führungsstil**

  Die Mitarbeiter werden als anonyme Faktoren angesehen. Die Funktion des Vorgesetzten ist nicht an eine bestimmte Person gebunden, sondern auf Zeit verliehen und übertragbar. Informationen erfolgen auf formellem Weg durch Vorschriften und Anordnungen.

- **Patriarchalischer Führungsstil**

  Der Vorgesetzte behandelt die Mitarbeiter fast wie Kinder. Die Mitarbeiter haben zu gegebener Zeit erleichterten direkten Zugang zum Patriarchen, sind ihm aber auch zu Gehorsam verpflichtet. Der Anspruch des Vorgesetzten wird meist durch Alters- oder Wissensvorsprung begründet.

- **„Laissez-faire"-Führungsstil**

  „Laissez-faire" bedeutet „lasst sie machen". Deshalb wird dabei häufig von „Führung ohne Führung" gesprochen. Die Mitarbeiter arbeiten durch Selbstkontrolle, Informationen fließen eher zufällig, Kontrolle durch den Vorgesetzten findet selten statt. Folge sind häufig eine gewisse Gleichgültigkeit der Mitarbeiter und unrationelle Arbeitsweisen.

Agile Steuerung als neuer Trend

Neue Begriffe beschäftigen zunehmend die Personalräte: Teamleiter experimentieren mit „agiler Führung" und Personalabteilungen wollen die „agile Transformation" vorantreiben. Mit „agiler Arbeit" soll die Digitalisierung schneller und effektiver umgesetzt werden. Von der Definition her soll agile Arbeit Kontrolle durch Vorgesetzte reduzieren, den Beschäftigten mehr Eigenverantwortung ermöglichen und eine Arbeit im kooperativen, agilen Team ermöglichen. Agile Führung setzt Kooperationswillen der Führungskräfte voraus. Agile Führung scheitere oft am Hierarchiedenken. Zu guter Letzt sei es auch ein Problem, dass agile Methoden in direktem Konflikt mit der Unternehmenskultur stünden, so Ayelt Komus, Professor an der Hochschule Koblenz.

„Das Management weiß oft genau, dass sich ein Plan nicht realisieren lässt. Aber es muss ein Plan da sein. Der wird oft mit einem Augenzwinkern erstellt, weil allen klar ist, dass man drei Jahre im Voraus nicht auf die Nachkommastelle genau sein kann. Aber ohne einen solchen Plan geht es in vielen Unternehmen nicht. Das Controlling beharrt darauf, der Einkauf beharrt darauf – obwohl alle wissen, dass es am Ende anders kommt. Und schließlich erfüllen derartige Planungsriten zumindest die Funktion, dass die Unternehmen organisatorisch und finanziell ein Gefühl für die Größenordnung der anstehenden Veränderungen bekommen" (siehe www.brandeins.de).

Agile Führung gelinge nur mit einer „Führungskraft als Wissensmanager", betont Carsten Schermuly, Professor der SRH Hochschule Berlin. „Führung muss nützlich sein. Sie wird nicht zum Selbstzweck erhalten. Die Führungskräfte in dynamischen Netzwerken sind am Erfolg ihres Teams interessiert und nicht am eigenen Fortkommen, der eigenen Wirkung und der persönlichen Bereicherung."

Das Leitbild der „Digitalen Führungskraft", hier „Digital Leadership" genannt, beschreibt Simon Dückert, Berater und Coach:

„1. Offenheit und Vertrauen:

   Ich vertraue meinen Mitarbeitern und bin offen.

2. Geschwindigkeit durch digitale Vernetzung:

   Ich nutze und fordere digitale Medien, um in meiner Organisation Schnelligkeit, Agilität und Flexibilität zu ermöglichen.

3. Das beste Wissen einsetzen:

   Ich sorge dafür, dass in allen Aktivitäten stets der weltweit bestmögliche Wissensstand angewendet wird.

4. Mitarbeiter entwickeln:

Ich begleite meine Mitarbeiter in ihrem selbstgesteuerten, lebenslangen Lernen.

5. Organisation als Community:

   Ich begegne allen Mitarbeitern ⊠ offline und online ⊠ auf Augenhöhe und nie von oben herab. Visionen und Ziele werden gemeinsam und partizipativ entwickelt"

Diese Punkte machen deutlich, dass der „Faktor Mensch", nämlich das Selbstverständnis von Managern und Führungskräften, eine besondere Bedeutung bei Umsetzung agiler Arbeit hat. Viele Vorgesetzte werden nicht in der Lage sein, von der Logik „Befehl und Gehorsam" abzuweichen – und sich kaum als Coach von Beschäftigten sehen, sondern stattdessen am bisherigen Vorgehen festhalten: Anweisungen zu geben, denen zu folgen ist und deren Einhaltung vom Vorgesetzten kontrolliert wird.

„In der klassischen Hierarchieordnung berichten alle Mitarbeiter einzeln an ihren Chef. Die Chefs berichten an den Oberchef. Die Abteilungen sind klar voneinander abgegrenzt. Das gilt für das Personal genauso wie für die Themen. Es ist eine rein vertikale Kommunikation vorgesehen. Horizontale Kommunikation ist schwierig. Möchte ein Mitarbeiter mit einem Mitarbeiter aus einer anderen Gruppe kooperieren, dann fragt der Chef, wenn er Zeit hat, den Nachbargruppenchef, der dann wiederum mit seinem Mitarbeiter spricht. So entsteht Silodenken. Jeder denkt für sich und seinen Arbeitsbereich", schildert Carsten Schermuly, die Problematik.

„Agile Führung hat eine Menge mit Kommunikation zu tun. Die in den agilen Konzepten integrierte häufige Reflexion und intensive Kommunikation fördert – richtig angewendet – persönliche Entwicklung und Reife des Teams. Ein offener Umgang mit Fehlern gehört auch dazu. Reflektierte Teams und Mitarbeiter denken eher mit. Sie sind weniger angepasst. Sie äußern ihre Meinung. Sie sehen sich als mitspracheberechtigt", schildert die Agil-Expertin Svenja Hofert. „Das muss ein Unternehmen verkraften konnen und wirklich wollen. Dafür muss es etwas bieten, das auch dann noch Bestand hat, wenn Mitarbeiter sich nicht mehr anpassen: ein gutes Produkt, eine klare Vision, attraktive Ziele. Ist das nicht der Fall, lieber die Finger davon lassen", warnt Hofert vor falschen Vorstellungen bei der Umstellung auf agile Führung.

4. Motivation

Eine besondere Bedeutung in der Führungsarbeit hat die Motivation der Mitarbeiter. Motivation ist die Frage nach dem „Warum" des menschlichen Verhaltens. Es ist die Bereitschaft, in einer konkreten Situation Handlungen mit einer bestimmten Intensität auszuführen, wobei vorausgesetzt wird, dass dieses Verhalten aktiv vom Menschen ausgeht.

Es wird unterschieden zwischen primärer und sekundärer Motivation. Die primäre Motivation ist eine dem Menschen angeborene Motivation, die durch Bedürfnisse ausgelöst wird, die das Überleben sichern. Dies sind beispielsweise Hunger oder Durst. Sekundäre Motivation entwickelt sich durch den sozialen Umgang mit anderen Menschen und ist auch im Arbeitsleben von besonderer Bedeutung. Dies können Bedürfnisse nach Anerkennung, Sicherheit oder sozialem Kontakt sein.

Weiterhin wird beim Antrieb für das Vorgehen des Einzelnen unterschieden zwischen extrinsischer und intrinsischer Motivation:

- Intrinsische Motivation entsteht aus innerem Antrieb, ohne direkten Einfluss äußerer Faktoren. Dies kann Interesse an einer Sache oder der Wille sein, etwas zu lernen. Der Anreiz für eine Handlung kann auch durch positive Erfahrungen während der Tätigkeit entstehen.
- Die extrinsische Motivation ergibt sich aus Lern- und Arbeitsanreizen. Grundlage ist das Streben nach Belohnung. Ausschlaggebend ist dabei in erster Linie die Entlohnung.

Motivation wird durch persönliche Bedürfnisse und auch Zielvorstellungen der Mitarbeiter begründet. Durch Motivationsinstrumente soll deshalb das Motivationspotenzial der Belegschaft genutzt werden. Durch Anreize können Mitarbeiter motiviert werden. Motivationsanreize können beispielsweise erfolgen durch

- **Erweiterung der Tätigkeiten**

  Beim Job Enlargement führt ein Mitarbeiter, der bislang auf eine Tätigkeit beschränkt war, nun mehrere verschiedene Tätigkeiten auf demselben Anforderungsniveau durch. Dies kann beispielsweise ein Wechsel aus sitzender und stehender Tätigkeit sein oder andere Wissensgebiete umfassen. Eine Anreicherung der bisherigen Tätigkeit erfolgt beim Job Enrichment, indem Arbeiten auf höherem Anforderungsniveau hinzukommen. Dies setzt entsprechende Qualifizierung voraus, da es andernfalls zu einer Überforderung kommt. Der Mitarbeiter kann dann aber in höherem Maße eigenverantwortlich arbeiten.

- **Zielvereinbarungen**

  Mitarbeiter und Vorgesetzter legen gemeinsam Ziele fest („Was soll erreicht werden?"), definieren jedoch auch, welche Unterstützung etwa durch das Unternehmen erforderlich ist.

Je individueller und damit breiter das Anreizsystem ausgestaltet ist, umso motivierender wirkt sich dies auf die Mitarbeiter aus. Wobei das eigentliche Problem in vielen Unternehmen zunächst die Überwindung der Demotivation ist. Durch den kooperativen Führungsstil können Mitarbeiter in den Führungsprozess einbezogen werden. Die Mitarbeiter können dann Entscheidungen nachvollziehen und sich so eher mit dem Unternehmen identifizieren. Die Motivation kann so erhöht werden.

Im Gegensatz dazu werden beim autoritären Führungsstil die betrieblichen Aktivitäten vom Vorgesetzten gestaltet, ohne dass die Mitarbeiter beteiligt werden. Erwartet wird Gehorsam, Entscheidungen werden ohne Begründung getroffen.

Die Motivation ist bei diesem Führungsstil begrenzt, da die Mitarbeiter tendenziell weniger interessante Arbeiten übernehmen können, Entscheidungen nicht nachvollziehen können und Angst herrscht.

5. Führung und Personalrat

Die Darstellung, was unter Führungsaufgaben zu verstehen ist, verdeutlicht den Zusammenhang zwischen Vorsitz und Führung. Auch ein Personalrat muss Organisationsziele entwickeln, ähnlich der Unternehmensführung. Die Umsetzung der Organisationsziele muss – analog der Personalführung – organsiert werden.

Diese Aufgabenerledigung muss, wie es auch eine Führungskraft für ihr Team vornimmt, geplant und durchgeführt werden. Plant der Personalrat die Verhandlungen zu einer Dienstvereinbarung, ist dies zu organisieren: Es müssen Eckpunkte der Vereinbarung entwickelt, diese im Personalrat abgestimmt und der Text konkret formuliert werden. Dies kann nicht alleinige Aufgabe des Vorsitzenden sind.

Im Gegensatz zur Führungskraft hat der Personalratsvorsitzende keine Weisungsbefugnis gegenüber den einzelnen Mitgliedern. Die Führung des Gremiums ist deshalb als Anleiten des Teams zu verstehen. Die Art der Zusammenarbeit muss regelmäßig besprochen werden. Delegation ist nur über Motivation und Absprachen möglich.

Um seinen Aufgaben gerecht zu werden, muss der Vorsitzende besondere „Führungskompetenzen“ entwickeln:

- **Sitzungsleitung**

  Der Vorsitzende trägt eine hohe Verantwortung zur Gestaltung der Personalratssitzung. Im nächsten Kapitel werden deshalb Anforderungen an Vorbereitung und Leitung der Sitzungen definiert und Möglichkeiten geschildert, die Sitzungskultur verändern.

- **Teamarbeit im Gremium organisieren**

  Teamarbeit ist eine wichtige Voraussetzung für erfolgreiche Personalratsarbeit. Gemeinsame Ziele zur Zusammenarbeit als Team können in einer Grundsatzsitzung oder Klausurtagung des Gremiums entwickelt werden.

  Vertiefende Hinweise für eine gute Zusammenarbeit finden Sie in Kapitel 4.

- **Delegieren**

  In vielen Gremien der Arbeitnehmervertretung ist die Arbeitsverteilung immer wieder Diskussionsthema. Eine konstruktive Arbeitsteilung ist nur möglich, wenn Aufgaben zielgerichtet delegiert werden. Kapitel 5 beschäftigt sich mit diesem Aspekt ausführlicher.

Sitzungsleitung: Herausforderung für den Vorsitzenden

1. Der Umgang im Gremium 28
2. Grundkonsens im Personalrat 29
3. Sitzungsleitung als Herausforderung 29
4. Strukturierung der Sitzung 31
5. Inhaltliche Vorbereitung der Sitzung 32
6. Diskussionen organisieren 38
7. Verzögerungen durch unklare Protokolle 40
8. Schlussfolgerungen aus Sicht des Vorsitzenden 41

1. Der Umgang im Gremium

Das Klima in einer Gruppe fällt Außenstehenden als Erstes auf. „Friedhofsruhe" oder „ein lustiger Haufen" sind Stichworte, die schnell fallen. Wenn Menschen miteinander sprechen und diskutieren, gibt es immer eine Atmosphäre, in der miteinander umgegangen wird. Die Gesamtstimmung, die auch als Arbeitsklima bezeichnet wird, ist entscheidend für ein erfolgreiches Miteinander-Arbeiten in der Gruppe „Personalrat".

Für jedes einzelne Mitglied sind – auch unbewusst – folgende Fragen bestimmend:

3

- Wie sehr werde ich anerkannt und ernst genommen?
- Wird meine Meinung auch akzeptiert, wenn ich zu einen speziellen Thema eine abweichende Meinung habe?
- Wer unterstützt mich? Wen unterstütze ich, wer ist Gleichgesinnter?
- Werden die anderen mich mögen?
- Finde ich die anderen sympathisch?

Besteht Unsicherheit über die Beantwortung der Fragen, wird sich das einzelne Mitglied eher zurückhalten und abgrenzen.

Auch das zu besprechende Thema beeinflusst selbstverständlich die Stimmung. Die Abstimmung über eine Höhergruppierung von Mitarbeitern hat andere Auswirkungen als eine Anhörung zur Kündigung. Erfolge in der Gremiumsarbeit sorgen für eine positive Stimmung, Misserfolge verschlechtern das Klima.

Das herrschende Arbeitsklima hat eine entscheidende Wirkung auf den Verlauf der Sitzung. Eine gespannte Atmosphäre führt zu Abgrenzungen, es häufen sich Missverständnisse. Entscheidungen werden dann schwieriger. Bei einem positiven Klima, in dem alle akzeptiert werden, ist die Motivation hoch und die einzelnen Mitglieder sind eher bereit, Aufgaben zu übernehmen. Eine besondere Rolle spielt dabei der Vorsitzende, da er die Sitzung leitet.

2. Grundkonsens im Personalrat

Voraussetzung für ein positives Klima und einen gelingenden Umgang miteinander ist ein Grundkonsens im Gremium, der lauten kann:

Alle sind bereit, im Personalrat gemeinsam als Team das Amt auszuüben.

Dieser Konsens kann auch in einer Klausurtagung des Personalrats erzielt werden.

Stimmungen in einer Gruppe sind abhängig von informellen Beziehungskonstellationen. Informelle Strukturen entwickeln sich neben formalen Beziehungen, die sich aus Funktionen wie Vorsitzender oder Protokollant ableiten. Soziale Strukturmerkmale – wie Geschlecht oder Alter – sind häufig auf den ersten Blick erkennbar. Das Beziehungsgeflecht einzelner Mitglieder untereinander ist dagegen schwerer auszumachen.

So gibt es informelle Meinungsführer, die auch von Thema zu Thema unterschiedlich sein können. Um diese Meinungsführer gruppieren sich andere Mitglieder, ob stillschweigend oder durch offene Äußerung. In Gruppen finden sich auch Außenseiter, die selbst diese Rolle gewählt haben oder von anderen dazu gemacht werden. Möglicherweise erscheint ein Mitglied aber auch nur als Außenseiter, steht mit seiner Meinung jedoch nicht alleine da.

Nicht jedes Personalratsmitglied hat gleichermaßen Sympathien für jedes andere Mitglied. Es gibt Sympathien und Antipathien. Diese können auch vom Thema abhängen, bei der die Gruppenmitglieder über Zustimmung und Ablehnung der Meinung entscheiden.

Diese informellen Entwicklungen können auch bereits stattfinden, wenn sich die einzelnen Mitglieder noch nicht lange kennen und sich vom äußeren Eindruck leiten lassen.

3. Sitzungsleitung als Herausforderung

Die Leitung der Sitzung ist eine Herausforderung für den Vorsitzenden. In der Sitzung entwickeln sich die Zusammenarbeit und das Gruppengefühl des Gremiums.

Die Sitzung des Personalrats hat im Wesentlichen drei Funktionen. Sie dient

- dem Informationsaustausch,
- der Meinungsbildung und Beschlussfassung sowie
- der Arbeitsorganisation des Gremiums, indem Arbeitsaufträge verteilt werden.

Für eine möglichst gute und für alle Beteiligten angenehme Personalratsarbeit ist es wichtig, dass alle die Möglichkeit haben, sich auf die Sitzung vorzubereiten. Dies schließt ein rechtzeitiges Versenden der Tagesordnung, deren Inhalt konkret beschrieben ist, und Unterlagen zur Vorbereitung mit ein. Nutzt ein Mitglied diese Pflicht des Vorsitzenden nicht und verzichtet auf eine Vorbereitung auf die Sitzung, sollte es sich während der Sitzung zurückhalten.

Sitzungszeiten sollten rechtzeitig und großzügig geplant sein und so feststehen, dass die regelmäßige Teilnahme leicht gemacht wird. Bei Verhinderung müssen die Personalratsmitglieder rechtzeitig absagen.

In einer Geschäftsordnung können gemeinsam festgelegte Grundregeln definiert werden. Spielregeln schaffen Handlungssicherheit. Hilfreich ist der Leitsatz „So viele Regeln wie nötig und so wenig wie möglich". Regeln benötigen häufig Ergänzungen, um positiv zu wirken. So ist die Regel „Jeden ausreden lassen" zu ergänzen um die Regel „Nur Beiträge zum Thema zulassen". Grundsätzlich soll also jeder ausreden können. Spricht das Personalratsmitglied aber nicht zum Thema und stört dadurch den Ablauf, dann muss der Vorsitzende als Sitzungsleiter eingreifen und es auffordern, bei der Sache zu bleiben.

Ein Beispiel aus einer Geschäftsordnung verdeutlicht diese Ansätze:

Beispiel:

„Die Diskussionsleitung hat der Vorsitzende, der anhand der Tagesordnung moderiert. Jedes Mitglied entscheidet eigenverantwortlich, wann es sich zu einem Punkt äußert und wie es zu einem kollegialen Gesprächsklima beitragen kann."

4. Strukturierung der Sitzung

Wichtig ist eine Strukturierung der Sitzung durch den Vorsitzenden. Bei jedem Tagesordnungspunkt ist deshalb zu prüfen:

Checkliste: Strukturierung

- **Was ist das Thema? Wie können alle Teilnehmer auf denselben Stand gebracht werden?**

  Dazu zählen neben einer aussagekräftigen Tagesordnung das rechtzeitige Versenden der Einladung und Unterlagen zur Vorbereitung

- **Wie muss die Vorbereitung erfolgen?**

  Komplexe Themen – etwa aktuelle Zahlen zur Personalplanung – sollten so vorbereitet werden, dass jedes Mitglied diese auch nachvollziehen kann. Die Unterlagen sollten mit der Tagesordnung rechtzeitig verschickt werden. Andernfalls entsteht eine Informationskonzentration bei Vorsitzendem und Stellvertreter. Die Folge könnte sein, dass sich die anderen Mitglieder nach und nach zurückziehen. Einzelne Tagesordnungspunkte können auch visualisiert werden, um den Stand der Diskussion besser erkennen zu können. Themen können auf ein Flipchart geschrieben werden.

- **Wie soll das Thema behandelt werden?**

  Sollen Ideen gesammelt werden, Informationen ausgetauscht oder bereits Beschlüsse gefasst werden?

3

Wenn die Themen geklärt sind, muss der Vorsitzende als Sitzungsleiter der Diskussion eine Struktur geben:

- **Beim Thema bleiben**

  Themenwechsel sind zu vermeiden, die Mitglieder zum Thema zurückführen. Dabei sind die einzelnen Aspekte nacheinander abzuarbeiten, vorgreifende Beiträge müssen zurückgestellt werden.

- **Zeitliches Limit vereinbaren**

  Wenn der Eindruck aufkommt, Diskussionen werden auch bei weniger wichtigen Themen zu lang geführt, sollte über die Möglichkeit eines Zeitlimits gesprochen werden. Die einzelnen

Tagesordnungspunkte können dann vom Vorsitzenden mit einem ungefähren zeitlichen Limit versehen werden. Andernfalls besteht die Gefahr, dass die ersten Tagesordnungspunkte ausführlich besprochen werden, die letzten dann jedoch aufgrund des Zeitdrucks nur kurz besprochen werden.

- **Die Diskussion auf den Punkt bringen**

  Die menschliche Kommunikation ist insoweit begrenzt, dass jeder nur ein Wort nach dem anderen hören und sprechen kann. Dieses lineare Prinzip, das Prinzip des Nacheinanders findet sich auch beim Schreiben von Texten wieder. Bei Gesprächen ist der Ablauf jedoch selten linear. Diese komplexen Prozesse zeigen sich etwa bei Diskussionen im Gremium, indem inhaltliche Sprünge vorgenommen werden, Argument und Gegenargument erörtert und auf Erfahrungen zurückgegriffen wird. Dennoch kann der Betriebs- oder Personalrat so zu Ergebnissen kommen. Voraussetzung ist jedoch, die Diskussionsprozesse zusammenzufassen und zu strukturieren.

- **Entscheidungen herbeiführen**

  Wann sind welche Beschlüsse zu fassen? Anstehende Entscheidungen werden oft nicht ausreichend vorbereitet. Dadurch kann die Entscheidungsfindung langatmig und umständlich werden. Probleme sind häufig ein unterschiedlicher Informationsstand einzelner Mitglieder, fehlende Informationstransparenz („Über was ist zu entscheiden?") und die Unklarheit über die Konsequenzen („Welche Folgen hat das für die Kollegen?").

5. Inhaltliche Vorbereitung der Sitzung

In vielen Personalratssitzungen herrscht der Konjunktiv: „Wir sollten ...", „Wir könnten ..." „Hätten wir nicht ...", „Man müsste ...". Vorschläge bleiben bei diesen Formulierungen im Raum stehen, es wird keine konkrete Herangehensweise besprochen. Mit Killerphrasen werden häufig Diskussionen über Veränderungen verhindert und abgeblockt. Killerphrasen sind von Aufbau und Inhalt sehr ähnlich, kommen jedoch in einer großen Vielfalt vor, zum Beispiel:

- „Das ist viel zu kompliziert."
- „Das ist nicht unsere Aufgabe."
- „Das ist eben so."

- „Es ist alternativlos."
- „Das war schon immer so."
- „Ich habe sonst genug zu tun."

Der Vorsitzende als Diskussionsleiter sollte darauf achten, auf Killerphrasen zu verzichten. Es ist stattdessen zielgerichtet nach Ideen zu suchen. Gegen Ideenlosigkeit hilft eine Zielformulierung. Die Klärung der Ziele sollte deshalb auch die Arbeitsverteilung beinhalten.

Die Standardfrage kann dabei lauten: Wer nimmt sich der Sache bis wann an?. So sind Zuständigkeiten geklärt und Terminabsprachen für alle klar.

Oftmals werden Probleme nur beschrieben und diskutiert. Die Erarbeitung von Lösungen wird dabei gar nicht oder nur schleppend angegangen. So kann es passieren, dass Dauerprobleme – etwa fehlende Stellenausschreibungen oder die unzureichende Unterrichtung des Personalrats durch die Dienststellenleitung – durch ziellose Diskussionen und Kritik ohne Konsequenzen nicht angegangen werden und als „unlösbar" erscheinen. Die Alternative: Umsetzungsansätze entwickeln, um das Problem anzugehen.

Die Vorbereitung sollte sich deshalb nicht nur auf organisatorische oder formale Fragen beschränken, vielmehr hat die inhaltliche Vorbereitung eine besondere Bedeutung. Es sind

- Besprechungsziele und
- Besprechungsmethoden

festzulegen. Ein Besprechungsziel dient der Erreichung eines Soll-Zustandes. Ausschnitte aus der Tagesordnung einer Personalratssitzung verdeutlichen die Problematik:

- „Neuerungen aus dem Personalvertretungsrecht"
- „Umstrukturierungen im Bauhof"

Was soll bei diesen Tagesordnungspunkten konkret besprochen werden?

Umfasst „Neuerungen aus dem Personalvertretungsrecht" nur eine Information oder soll eine Diskussion zur konkreten Umsetzung angestoßen werden?

Geht es bei „Umstrukturierungen im Bauhof" um eine allgemeine Darstellung zu betrieblichen Planungen? Oder soll Kontakt mit den

Beschäftigten aufgenommen werden, um nach Alternativen zu suchen?

Die Beispiele zeigen, dass es nicht ausreicht, Themen nur zu benennen. Vielmehr müssen die Themen mit einer Zielrichtung versehen werden.

Anhand des Besprechungszieles „Information“ sollen nun Beispiele für ein mögliches Vorgehen dargestellt werden. Informationen sind in jeder Personalratssitzung bedeutsam, sie werden weitergegeben und ausgetauscht. Das Ziel ist, alle Personalratsmitglieder auf den gleichen Kenntnisstand zu bringen. Oft dienen Informationen auch zur Vorbereitung für weitere Besprechungsziele, etwa um ein Meinungsbild zu erzeugen und Beschlüsse zu fassen. Bei den Informationen kann zwischen

- formalisierten Informationen und
- themen- bzw. anlassbezogenen Informationen

unterschieden werden.

Formalisierte Informationen sind regelmäßig wiederkehrende Berichte, die fester Bestandteil der Sitzung sind. Die können Tagesordnungspunkte „Verschiedenes“, „Bericht vom Monatsgespräch“ oder „Berichte aus den Abteilungen“ sein. Diese Tagesordnungspunkte laufen Gefahr, überflüssige und nicht sachbezogene Informationen unterzubringen. Es bedarf deshalb einer klaren Gliederung und entsprechender Vorgaben des Vorsitzenden.

Es ist also sinnvoll, den Bericht zum Monatsgespräch noch weiter zu untergliedern. Dies kann direkt in der Tagesordnung erfolgen oder durch Visualisierung vor dem Vortrag, indem die einzelnen Themen „Verlängerung der Öffnungszeiten im städtischen Freibad“, „Aktueller Stand der Neubesetzung der Stelle des Leiters, Referat X“, „Neue IT-Technik“ oder „Planung Weihnachtsfeier“ über Metaplan auf Karten dargestellt werden (Infos zur Metaplan-Methode folgen in den Beispielen).

Themen- und anlassbezogene Informationen beziehen sich auf ein spezielles Thema. Dies können Ergebnisse von Ausschuss-Sitzungen oder der Arbeitsgruppen zu bestimmten Angelegenheiten – etwa die Dienstvereinbarung zur Arbeitszeit – sein.

Problematisch sind diese Informationen, wenn unklar ist, wie mit den Informationen in der Sitzung weitergearbeitet werden soll.

Im Vorfeld muss deshalb geklärt werden, wie die Informationen ausgewertet werden sollen. Oftmals schließt sich andernfalls eine unstrukturierte Diskussion an, Informationen werden nicht zielorientiert ausgewertet. Weitgehende Informationen bei diesen Tagesordnungspunkten haben aber nur Sinn, wenn sie auf mögliche Konsequenzen hin überprüft werden.

Bei Diskussionen zur Arbeitszeit muss für den Ablauf der Sitzung klar sein, welches Ziel verfolgt wird. Findet ein Meinungsaustausch ohne Beschlussfassung statt oder werden bereits inhaltliche Eckpunkte diskutiert und festgelegt, etwa die Ausweitung des Arbeitszeitrahmens oder eine Flexibilisierung über Arbeitszeitkonten?

In der Sitzung sollte der Vorsitzende bei weitgehenden Tagesordnungspunkten

- zunächst Verständnisfragen klären,
- die Kerngedanken zusammenfassen,
- nach den Konsequenzen fragen, die sich aus den Informationen für den Betriebs- oder Personalrat ergeben, und
- konkrete Maßnahmen des Gremiums durch eine Beschlussfassung veranlassen.

Beim Verlauf einer Sitzung schleichen sich oft neue Themen ein („Da fällt mir noch ein…“). Das macht es schwer, den Tagesordnungspunkt abzuschließen und das Ergebnis der Diskussion („Wie gehen wir weiter vor?“) zu dokumentieren.

Der Vorsitzende muss deshalb Vorschläge auch in die Tagesordnung einordnen und Diskussionspunkte, die nicht zu diesem Tagesordnungspunkt passen, zurückweisen.

Problematisch ist oft auch ein fließender Übergang zu dem nächsten Tagesordnungspunkt, wenn ein Thema nicht abgeschlossen wurde.

Neben den Besprechungszielen haben die Besprechungsmethoden eine besondere Bedeutung. Sie ermöglichen es, ein bestimmtes Ziel zu erreichen. Die klassische Methode in der Personalratsarbeit ist die Diskussion, also Austausch der Argumente sowie Rede und Gegenrede.

Der Vorsitzende sollte aber auch über Veränderungen nachdenken. Vor allem wenn das bisherige Erreichen von Ergebnissen weniger befriedigend ist.

Beispiele für Besprechungsmethoden:

Visualisierungstechniken können helfen, die Besprechung und die Protokollierung der Ergebnisse zu erleichtern. Es sollte deshalb auch in der Personalratssitzung mit Flipcharts und Metaplan gearbeitet werden.

Eine klassische Kreativtechnik ist das Brainstorming, das in den 1950er-Jahren in den USA von Alex Osborn entwickelt wurde. Es stellt eine Methode zur Ideensammlung dar. Bei einer Brainstorming-Veranstaltung sollten alle Teilnehmer ihre Ideen äußern. Quantität geht dabei vor Qualität, denn Ziel ist es, möglichst viele Ideen zu produzieren. Während des Brainstormings ist es unzulässig, vorgetragene Ideen zu bewerten oder als untauglich zu bezeichnen. Es findet zunächst auch keine Diskussion statt. Alle Teilnehmer müssen ihr Faktenwissen einbringen, auch wenn ihre Ideen zunächst nicht relevant erscheinen. Einfälle der Teilnehmer dürfen deshalb nicht reglementiert werden. An das Sammeln der Ideen schließt sich die Strukturierung an. Die Ideen müssen sortiert und gegliedert werden. In dieser Phase werden die Vorschläge auch noch nicht bewertet. Erst anschließend erfolgt eine genaue Prüfung der Ideen. Die Vorschläge werden gewichtet und die Bedeutung der einzelnen Ideen diskutiert.

Eine weitere Möglichkeit ist die Kartenabfrage. Bei dieser Methode zur Ideensammlung formulieren die Mitglieder Kerngedanken auf Karten. Ideen können frei geäußert und durch die Karten dokumentiert werden. Der Sitzungsleiter muss so nicht alle mündlichen Beiträge selbst zu Papier bringen.

Vorteil der **Kartenabfrage** ist das einfache Strukturieren: Die Karten können einzelnen inhaltlichen Gruppen zu geordnet werden. Eine Bewertung kann durch die „Punkt-Methode“ erfolgen. Bei einer Punktabfrage erhält jedes Mitglied Klebepunkte, die auf einzelne Themen verteilt werden.

Brainwriting ist eine weitere Kreativtechnik, die auf Brainstorming beruht.

Beim Brainwriting soll jeder Teilnehmer in Ruhe Ideen sammeln und zu Papier bringen. Der Vorteil: Auch eher zurückhaltende Mitarbeiter, die sich verbal nicht so gut durchsetzen können, können die Ideen einbringen. Eine besondere Form des

Brainwriting ist die „Methode 6-3-5". Dieses Vorgehen ist bei (Unter-) Gruppen mit 6 Mitarbeitern möglich. Jeder Teilnehmer erhält dabei ein gleich großes Blatt Papier, das in 3 Spalten vertikal und 6 Reihen horizontal zu 18 Kästchen aufgeteilt ist. Jeder der 6 Teilnehmer wird dann aufgefordert im ersten Kästchen jeder Spalte eine Idee – also insgesamt 3 – zu formulieren. Jedes Blatt wird nach angemessener Zeit – etwa 5 Minuten – von allen gleichzeitig im Uhrzeigersinn weitergereicht. Der Nächste soll nun versuchen die bereits genannten Ideen aufzugreifen, zu ergänzen und weiterzuentwickeln. Die Bezeichnung der Methode ergab sich aus den optimal sechs Gruppenmitgliedern, die je drei erste Ideen benennen und dann fünfmal jeweils drei daraus abgeleitete Ideen weiterentwickeln: 6 Teilnehmer mit je 3 Ideen, die 5-mal weiter gereicht werden.

Die Methoden haben das Ziel, menschliche Kreativität zu fördern und in solche Bahnen zu lenken, dass Kreativität nicht nur das Produkt einzelner Individuen ist, sondern das eines sich ergänzenden Teams.

Zur Klärung des Meinungsbilds im Gremium hat sich auch die **Zwei-Felder-Tafel** bewährt. Sie ermöglicht die Gegenüberstellung von Pro- und Kontra-Argumenten und kann durch die übersichtliche Visualisierung Grundlage für die Entscheidungsfindung sein. Voraussetzung ist jedoch, dass die Mitglieder konstruktiv miteinander umgehen.

Wichtig ist eine genaue Prüfung, welche Besprechungsmethoden einsetzbar sind!

Das Ziel sollte nicht sein, bei jedem Tagesordnungspunkt eine andere Besprechungsmethode einzusetzen. Aber die anfängliche Skepsis vieler Betriebs- oder Personalräte diesen neuen Methoden gegenüber findet in der Praxis keine Bestätigung.

Bei umfassenden Themen wie der Erarbeitung einer neuen Dienstvereinbarung, Alternativen zur Umstrukturierung oder der Arbeitsteilung im Gremium sollte aber über eine andere Art der Erarbeitung von Vorschlägen nachgedacht werden. Der Anstoß dazu kann vom Vorsitzenden kommen, das Gremium muss in der Mehrheit aber bereit dazu sein.

6. Diskussionen organisieren

Eine wichtige Aufgabe des Vorsitzenden ist es, die richtigen Fragen zu stellen, um Diskussionen voranzubringen. Der Vorsitzende muss sich auch bei allen Themen im Klaren sein, dass er häufig einen Wissensvorsprung anderen Mitgliedern gegenüber hat. Dieser sollte aber nicht genutzt werden, um möglichst schnell bei Abstimmungen eine Mehrheit zu erhalten. Vielmehr muss jedem einzelnen Mitglied die Tragweite einer Entscheidung deutlich werden. Denn kommt es im Nachhinein zu Diskussionen in der Belegschaft oder dem Arbeitgeber gegenüber, sollten auch alle Gremiumsmitglieder die Position des Gremiums vertreten können.

Fragetechniken sind von besonderer Bedeutung, um die Diskussion voranbringen zu können. Fragen haben unterschiedliche Wirkung:

Fragetechniken:

Eine Suggestivfrage

„Haben wir überhaupt Informationsrechte?"

Was sollen die Teilnehmer antworten? „Ja"? Und dann? Diese Fragen bringen die Diskussion nicht voran. Für die Personalratsmitglieder wird so eher ein Lehrer-Schüler-Verhältnis demonstriert.

Eine rhetorische Frage

„Benötigen wir noch mehr Argumente, um zu sehen, dass wir dagegen vorgehen müssen?"

Die Antwort gibt der Fragende offensichtlich bereits selbst, denn solche Fragen sollen jeglichen Widerspruch als unsinnig erscheinen lassen.

Eine offene Frage

„Wir sollten mal überlegen: Welche Folgen werden diese Maßnahme für die anderen haben?"

Diese Frage zielt nicht auf eine bestimmte Antwort, sondern soll eine Diskussion unter den Personalratsmitgliedern in Gang setzen.

Eine Informationsfrage

„Du hast doch Erfahrungen mit dem SAP-Einsatz in Eurer Abteilung – wie sehen die denn aus?"

Die Frage setzt spezielles Wissen des angesprochenen Personalratsmitglieds voraus und motiviert so den Befragten, seine Erfahrungen einzubringen. Auch eher zurückhaltende Mitglieder bringen sich dann eher ein.

Eine Verständnisfrage

„Zum Verständnis: Habe ich Dich richtig verstanden, dass ...?"

Die Frage hilft Missverständnisse zu vermeiden, sie signalisiert das Bemühen, die Meinung ernst zu nehmen. Die Frage soll eine geäußerte Meinung klarstellen und eine ernsthafte Diskussion ermöglichen.

Eine provozierende Frage

„Hat denn der Arbeitgeber nicht recht, wenn er sagt...?"

Eine solche Frage wird mit dem Ziel zum Widerspruch gestellt und kann eine Diskussion in Gang setzen. Sie zwingt auch zum Auseinandersetzen und Suchen nach Gegenargumenten. Allerdings besteht die Gefahr, dass diese Frage als ein Lehrer-Schüler-Schema aufgenommen wird.

3

Der Vorsitzende sollte den Zwischenstand einer Diskussion zusammenfassen. Diese Zusammenfassung soll einen Diskussionspunkt abschließen, damit zum nächsten Punkt übergegangen wird:

- Wo stehen wir gerade?
- Welche Gesichtspunkte wurden genannt?
- Welche Bewertungen werden vorgenommen?
- Verwirrende Themenvielfalt muss geordnet werden.
- Was muss noch geklärt werden?

Beim Zwischenstand ist der unterschiedliche Wissenstand der Mitglieder einzubeziehen. Wenn sich der Vorsitzende intensiv mit einem Thema beschäftigt, bereits Verhandlungen geführt und eine Vereinbarung ausgearbeitet hat, ist er zu einem Experten auf einem bestimmten Gebiet geworden, etwa bei Arbeitszeitregelungen. Dieses nach und nach angeeignete Spezialwissen haben jedoch nicht alle Mitglieder des Gremiums.

Der Vorsitzende als Diskussionsleiter muss auch erkennen, wann ein Thema ausdiskutiert wurde. In einer Diskussion kann sich eine einheitliche Meinung herauskristallisiert haben. Dann sollte der Diskussionsleiter diese Position zusammenfassen und zur Beschlussfassung aufrufen. Komplizierter wird es jedoch bei unterschiedlichen Meinungen, wenn keine neuen Argumente und zusätzlichen Erkenntnisse mehr zu erwarten sind. Es müssen dann die verschiedenen Alternativen formuliert werden. Die Alternativen werden bei komplexen Themen nicht nur klar formuliert, sondern in das Protokoll aufgenommen und erneut verlesen, um zur Abstimmung gestellt zu werden.

Eine Blitzlichtabfrage kann bei Unsicherheiten die Meinungsfindung erleichtern. Dreht sich die Diskussion im Kreis, scheinen alle Argumente ausgetauscht oder haben sich nicht alle beteiligt, kann der Diskussionsleiter eine Frage stellen, zu der alle nach und nach ihre Meinung abgeben. Jeder wird so gezwungen, Position zu beziehen. Es kann danach erneut diskutiert oder abgestimmt werden.

7. Verzögerungen durch unklare Protokolle

Die Diskussionsleitung ist eine wichtige Aufgabe des Vorsitzenden. Aber auch die Umsetzung von Beschlüssen ist zu organisieren. Verzögerungen können auftreten, wenn im Protokoll Formulierungen unklar sind und aufgrund von Missverständnissen das weitere Vorgehen erst geklärt werden muss.

Protokolle sollten Ziele und Ergebnisse der Diskussionen und die Beschlüsse beinhalten. Werden Protokolle durch „semantische Leerformeln" aufgebläht, scheint eine Niederschrift detaillierter zu sein – die Ergebnisse sind dadurch jedoch nicht unbedingt nachvollziehbar.

Beispiel:

„Der Personalrat diskutiert Pro und Contra des neuen „Fallmanagement-Projekts". Es fehlen inhaltliche Angaben wie etwa Art und Umfang des Projekts. Auch die Information, welche Argumente für oder gegen das Projekt sprechen, ist nicht zu finden. Eine weitere Verwendung dieser Informationen kann jedoch für den Betriebs- oder Personalrat wichtig sein.

Das weitere Vorgehen ist zu dokumentieren, damit Arbeitsaufträge eindeutig verteilt werden können und fehlende Personalratsmitglieder Informationen über die weitere Planung erhalten.

8. Schlussfolgerungen aus Sicht des Vorsitzenden

Begründungen schaffen Akzeptanz, wenn der Vorsitzende Themen anspricht und einzelne Tagesordnungspunkte einleitet. Je sachlicher und objektiver die Begründung ist, desto stärker die Wirkung. Eine Leitung, die ihre Vorschläge begründet, wirkt demokratischer und offener. Während der Sitzung sollte sich der Vorsitzende seiner Rolle als Diskussionsleiter bewusst sein. Bei weitgehenden Diskussionen sollte er eine Rednerliste führen. Das klingt formalistisch, bedeutet aber in der Praxis, auf einem Notizblatt die Personalratsmitglieder zu notieren, die sich zu Wort gemeldet haben.

Der Vorsitzende muss während der Sitzung die gesamte Runde im Auge haben. Auch während er Notizen macht, muss er immer wieder aufschauen und Wortmeldungen erkennen. Das erfordert Konzentration, ist aber reine Trainingssache.

Der Vorsitzende sollte zudem auf Signale eher schüchterner Kollegen achten. Dies setzt natürlich auch voraus, zurückhaltende Kollegen bei Beiträgen insofern zu schützen, als dass deren Vorschläge nicht niedergemacht werden.

Auch sollten Monologe Einzelner verhindert werden. Dabei ist sicherzustellen:

- Alle Gremiumsmitglieder werden einbezogen.
- Die Mitglieder hören einander aufmerksam zu.
- Auf die Beiträge anderer wird auch Bezug genommen.

Der Vorsitzende hat bei Leitung der Sitzung unterschiedliche Ebenen der Verantwortung.

Er ist verantwortlich für die Sache. Es müssen Ergebnisse zustande kommen, also Beschlüsse gefasst, umgesetzt und dokumentiert werden.

Er trägt Verantwortung gegenüber der Gruppe. Er muss es jedem ermöglichen, zu Wort zu kommen. Der Umgang miteinander sollte so gestaltet werden, dass Einzelne die anderen nicht tyrannisieren und eine angemessene Nutzung der Zeit erfolgt.

Eine besondere Verantwortung hat der Vorsitzende gegenüber sich selbst. Die Leitung der Sitzung sollte für ihn handhabbar sein und nicht einen gigantischen Kraftakt darstellen. Wird diese Aufgabe regelmäßig als übermäßige Belastung wahrgenommen, sollte dies auch gegenüber dem Gremium zum Thema gemacht werden.

Denn genauso wie der Vorsitzende Verantwortung der Gruppe gegenüber hat, ist auch die Gruppe für das Gelingen der Sitzung verantwortlich. Passend dazu beschäftigt sich das nächste Kapitel mit Fragen der Arbeitsteilung.

Zusammenarbeit im Personalrat als Team

1. Erwartungen des Gremiums klären 44
2. Prioritäten setzen 45
3. Konsequentes Auftreten 46
4. Umgang miteinander im Gremium: Spielregeln festlegen 47
5. Verhalten gegenüber der Dienstellenleitung 51
6. Ausreden zählen nicht – Arbeitsbefreiung als Möglichkeit für jedes Mitglied im Personalrat................ 54

1. Erwartungen des Gremiums klären

Für jeden Personalrat ist es wichtig, gemeinsam festzulegen, welche Ziele das Gremium hat und welche Aufgaben es angehen will. Neben diesen inhaltlichen Fragen ist aber auch der Umgang miteinander festzulegen. Welche Vorstellungen hat jedes einzelne Mitglied von seinem Amt? Welches Verständnis hat das Gremium von der Arbeit des Vorsitzenden? Welche Vorstellungen hat der Vorsitzende? Dies kann in einer außerordentlichen Sitzung oder über eine Klausurtagung erfolgen.

Eine Klausurtagung sollte mindestens zwei Tage dauern und außerhalb der Organisation stattfinden. So wird konzentriertes Arbeiten erleichtert – und ein verbessertes zwischenmenschliches Kennenlernen durch Gespräche nach dem offiziellen Ende der Tagung ist auch möglich. Die Klausurtagung kann als interne Schulungsmaßnahme erfolgen, indem ein externer Moderator eingebunden wird. Dies muss aber mit der Dienststellenleitung abgestimmt werden und ist ohne dessen Zustimmung nicht durchsetzbar. Sollte eine Klausurtagung deshalb nicht möglich sein, muss die Klärung der zukünftigen Zusammenarbeit zumindest in einer außerordentlichen Sitzung des Personalrats stattfinden.

Der im Folgenden verwendete Begriff „Klausurtagung" umfasst also vom Verständnis her auch eine Grundsatzsitzung des Personalrats.

Die Klausurtagung ist ein Sitzungstermin an dem

- die inhaltliche Ausrichtung der Arbeit des Personalrats,
- Formen der Zusammenarbeit im Gremium – etwa Spielregeln für den Ablauf von Sitzungen – und
- Fragen der Arbeitsteilung besprochen werden.

Für diese grundlegenden Fragen muss auch ausreichend Zeit zur Verfügung stehen. Das Praxisbeispiel 1 „Informationen beschaffen – statt der Entwicklung hinterherlaufen!" in Kapitel 7 „Agieren statt Reagieren: Arbeitsteilung in der Praxis" zeigt, wie ein Personalrat das Dauerthema „Verstöße des Arbeitgebers gegen seine Informationspflicht" angehen kann. Anstoß für diese strategische Vorgehensweise kann die Klausurtagung des Gremiums ein.

2. Prioritäten setzen

Zur Klärung der inhaltlichen Fragen gehört auch eine Prioritätensetzung. Die Interessen und Schwerpunkte der Personalratsmitglieder können sehr unterschiedlich sein. Das Gremium ist aus Personen zusammengesetzt, die unterschiedliche Erfahrungen haben und oft aus unterschiedlichen Arbeitsbereichen kommen.

Der Personalrat muss sich deshalb als Gremium positionieren und auch intern Kompromisse schließen, um festlegen zu können, welches Thema wann und wie angegangen wird.

Bei der Klausurtagung können inhaltliche Fragen durch Kreativtechniken erarbeitet werden. Über Kartenabfrage können Themen gesammelt werden, die aus Sicht der Personalratsmitglieder anzugehen sind. Bei dieser Methode zur Ideensammlung formulieren die Mitglieder Kerngedanken auf Karten. Ideen können frei geäußert werden, die Dokumentation erfolgt über die Karten.

Nach der Abfrage erfolgt die Strukturierung. Die Vorschläge werden zu Themengruppen zusammengefasst. Eine Bewertung kann durch die „Punkt-Methode" erfolgen. Bei einer Punktabfrage erhält jedes Personalratsmitglied Klebepunkte, die auf einzelne Themen verteilt werden. Diese Vorgehensweise hat den Vorteil, dass nicht der Vorsitzende Themen vorgibt, sondern das Gremium die Aufgaben gemeinsam erarbeitet. Dies erleichtert die Arbeitsteilung.

Dabei sind auch Dauerthemen anzugehen, die den Personalrat seit Längerem beschäftigten, aber bisher nicht gelöst wurden. Beim Thema Überstunden etwa können die Meinungen reichen von „Die Mitarbeiter wollen das doch", über „Das sichert unsere Arbeitsplätze" oder „Die Mitarbeiter sind überlastet" bis „Überstunden sind keine Lösung, da sie die Personalunterdeckung nur verschleiern". Diese inneren Konflikte sind anzugehen und durch Absprachen im Gremium – nach ausführlicher Diskussion – zu lösen.

Folgende Themen kann der Personalrat angehen:

Agieren statt Reagieren

Häufig reagieren Personalräte nur auf Planungen des Dienstherrn. In der Klausurtagung ist zu entscheiden:

- Welche Themen will der Personalrat inhaltlich „besetzen“ und gegenüber dem Dienstherrn und den Beschäftigten offensiv vertreten?
- Welche Missstände sollen angegangen werden?
- Beim Blick in die Zukunft: Welche Probleme kommen auf die Dienststelle und die Beschäftigten zu?

Welche Möglichkeiten in der Praxis bestehen, zeigt das Praxisbeispiel 2 „Agieren statt Reagieren – Der Personalrat bringt Themen voran“ in Kapitel 6 „Agieren statt Reagieren: Arbeitsteilung in der Praxis“.

Auftreten nach außen

Das Außenbild des Personalrats ist ein wichtiger Punkt. Die Belegschaft nimmt den Personalrat als gesamtes Gremium wahr. Entscheidend sind die Fragen:

- Wie wirkt der Personalrat nach außen als Gruppe?
- Wie kann ein einheitliches Auftreten als Gremium aussehen?

Ein geschlossenes Auftreten nach außen stärkt die Position der Arbeitnehmervertretung. Sollte es unterschiedliche Gruppen oder gravierende Meinungsverschiedenheiten im Gremium geben, hat sind grundsätzliche Fragen zu klären:

- Welche Ziele hat das Gremium?
- Welche Themen sollen angegangen werden?
- Wie will der vorgehen?

Wie der Personalrat Teamarbeit konkret gestalten kann, zeigt das Praxisbeispiel 3 „Personalversammlung als Teamarbeit“ (siehe Kapitel 6 „Agieren statt Reagieren: Arbeitsteilung in der Praxis“).

3. Konsequentes Auftreten

Das Auftreten gegenüber dem Arbeitgeber hängt auch von der Entschlossenheit des Personalrats ab. Dabei ist die Rolle der einzelnen Mitglieder anzugehen:

- Wie können Positionen des Gremiums wirkungsvoll gegenüber dem Arbeitgeber vertreten werden?

- Schrecken die meisten Mitglieder immer wieder zurück, wenn es um Konflikte geht?
- Wie stark ist ein Personalrat, der immer wieder vor Konsequenzen zurückschreckt?

Anhand konkreter Beispiele sollte über das Verhältnis zur Dienststellenleitung gesprochen werden.

- Gibt es Themen, bei denen die Dienststellenleitung nicht auf Vorschläge des Personalrats eingeht?
- Werden Mitbestimmungsrechte von der Dienststellenleitung missachtet? Wie reagiert das Gremium darauf? Wann ist es sinnvoll, Regelungen über ein Einigungsstellenverfahren durchzusetzen?

4. Umgang miteinander im Gremium: Spielregeln festlegen

Die Frage, wie das Gremium in der Sitzung miteinander umgehen will, ist bei der Klausurtagung anzugehen. Es ist sinnvoll, dass der Personalrat gemeinsame Regeln zum Umgang festlegt. Dies können auch Regeln bei Diskussionen in der Sitzung sein. Die gemeinsame Festlegung hat den Vorteil, dass keine einseitigen Vorschläge vom Vorsitzenden kommen, die von einigen Personalratsmitgliedern als Anweisung angesehen werden könnten.

Ein Beispiel für diese Regeln:

Sei für Dich selbst verantwortlich!

Entscheide, wann du schweigen und wann du reden willst!

Äußere deine Interessen!

Äußere frei deine Interessen, aber erwarte nicht, dass dein Gesprächspartner sie stets so erfüllt, wie du es dir vorstellst! Vertraue darauf, dass sich gemeinsame Positionen finden werden.

Persönliche Aussagen

Besser „ich" statt „man" sagen. Persönliche Äußerungen sind aussagekräftiger, wenn sie begründet werden.

Zuhören

Wenn die Diskussion hektisch und aufgeregt wird, ist das Zuhören wichtig. Dann sollte die Diskussion zunächst kurz zusammengefasst werden, um sicherzustellen, dass der Inhalt richtig verstanden wurde. Erst dann erfolgt die eigene Meinungsäußerung.

Auch Fragen der Urlaubsplanung können Thema der Klausurtagung sein. Zu Jahresbeginn sollte die Urlaubsplanung der einzelnen Mitglieder bekannt sein. Der Vorsitzende kann so frühzeitig planen, wann Ersatzmitglieder einzuladen sind.

Checkliste: Inhalt der Klausurtagung im Überblick

Für seine Grundsatzsitzung oder „Klausurtagung" sollte das Gremium gemeinsam vorab den Inhalt festlegen. Mögliche Themen können sein:

a) Aufgaben des Personalrats

- Welche Aufgaben stehen aktuell an?
- Wie kann eine Arbeitsteilung betrieben werden?
- Was eignet sich zum Delegieren

b) Zielsetzung

- Was will der Personalrat erreichen?
- Bis wann soll dies erreicht sein?

c) Selbstverständnis

- Klärung der Frage: Wie sehe ich mich als Personalratsmitglied?
- Wie ist unser Verständnis dem Arbeitgeber gegenüber?

d) Der Umgang im Personalrat miteinander

- Welche „Spielregeln" zum Umgang miteinander müssen in der Personalratssitzung festgelegt werden?

a) Aufgaben des Personalrats

Das Gremium sollte sich einen Überblick in drei Schritten verschaffen:

1. Bestandsaufnahme

- Welche Themen haben den Personalrat in letzter Zeit beschäftigt?

- Auflistung nach Wichtigkeit
- Wie wurden die Themen angegangen?
- Kooperation oder Konflikte mit der Dienststellenleitung? Durchsetzbarkeit durch das Personalvertretungsgesetz?

2. Bewertung der Personalratsarbeit

- Welche Erfolge wurden erzielt?
- Wo wurden Ziele nicht erreicht? Warum?
- Welche Ergebnisse waren aus Arbeitnehmersicht besonders wichtig?

3. Ausblick: Welche Themen interessieren die Beschäftigten?

- Was könnte in Zukunft auf die Beschäftigten zukommen?
- Welche Planungen des Arbeitgebers sind bekannt?
- Wie will das Gremium in der nächsten Zeit agieren?

b) Zielsetzung

Ziele klären:

- Welche Themen will der Personalrat inhaltlich „besetzen"? Sollen diese gegenüber der Dienststellenleitung und der Belegschaft offensiv vertreten?
- Welche Missstände in der Behörde/in der Dienststelle gibt es?

Blick in die Zukunft:

- Welche Probleme können sich zukünftig für die Beschäftigten ergeben?
- Welche Arbeitgeberplanungen sind dazu bekannt?

Gemeinsame Festlegung im Gremium: inhaltliche Ziele:

- Prioritätensetzung
- inhaltliche Fragen durch Kreativtechniken erarbeiten
- Kartenabfrage: Themen sammeln

Vorteil dieser Methoden:

- Nicht der Vorsitzende gibt Themen vor, sondern das Gremium erarbeitet gemeinsam die Themen

- So kann nach Erarbeitung der Themen das Gremium besser die Arbeitsteilung angehen: Beim Festlegen der Themen sind alle beteiligt, dann sollen alle Mitglieder auch bei Aufteilung der Aufgaben aktiv werden

c) Selbstverständnis

Rollenklärung:

- Die Klärung der Rolle des einzelnen Mitglieds erfolgt bereits bei der Diskussion über die Arbeitsteilung
- Die Arbeit des Personalrats hat nicht nur durch Vorsitzenden zu erfolgen.

Ziel der Grundsatzdiskussion sollte das Selbstverständnis der einzelnen Mitglieder sein, dass

- die Arbeit des Personalrats nur als Team gelingen kann und
- Arbeitsteilung eine wichtige Voraussetzung für eine erfolgreiche Gremiumsarbeit ist.

Wie soll die Arbeitsteilung aussehen?

- Wie kann die Arbeit verteilt werden?
- Wer hat welche Stärken?
- Wer kann sich mit welchem Thema auseinandersetzen oder sich einarbeiten?

Auftreten gegenüber der Belegschaft:

- Wie wirkt der Personalrat als Gruppe gegenüber der Belegschaft?
- Ein geschlossenes Auftreten stärkt das Gremium
- Wie kann dieses geschlossene Auftreten konkret gelingen

Auftreten gegenüber der Dienststellenleitung:

- Wie nimmt die Dienststellenleitung den Personalrat wahr?
- Wie kann der Personalrat seine Positionen verdeutlichen?
- Ein Beispiel kann die Ausarbeitung von Dienstvereinbarungen sein

d) Umgang im Personalrat miteinander

Es müssen „Spielregeln" festgelegt werden zum Umgang miteinander in den Sitzungen, beispielsweise

- Zuhören und die anderen aussprechen lassen
- Konsens suchen statt frühzeitiger Abstimmung zur Beschlussfassung und
- Ich-Botschaften statt Du-Botschaften

5. Verhalten gegenüber der Dienstellenleitung

Der Personalratsvorsitzende vertritt den Personalrat gegenüber der Dienstellenleitung.

Der Personalrat hat sein Mandat von der Belegschaft erhalten, er ist der betriebliche Repräsentant der Arbeitnehmer. Gleichzeitig ist der der Personalrat nach § 2 Abs. 1 BPersVG[1] zur vertrauensvollen Zusammenarbeit mit dem Arbeitgeber verpflichtet.

4

Diese Zusammenarbeit mit der Dienststellenleitung ist auch von Konflikten geprägt. Der Grundsatz der Zusammenarbeit wird durch weitere Vorschriften konkretisiert. Maßnahmen des Arbeitskampfes durch den Personalrat sind unzulässig.

Beispiel:

Die Position der Arbeitnehmervertretung wird durch eine Entscheidung des Bundesarbeitsgerichts verdeutlicht:

„Das geltende Arbeitsrecht wird auch durchgängig von zwei gegenüberstehenden Grundpositionen beherrscht, mit denen unterschiedliche Interessen von Arbeitgeber- und Arbeitnehmerseite verfolgt werden. Ohne diesen Interessengegensatz wären im Übrigen gesetzliche Regelungen über die Mitwirkung der Arbeitnehmerseite an sozialen, personellen und wirtschaftlichen Entscheidungen des Arbeitgebers gegenstandslos. Auch das Betriebsverfassungsgesetz setzt diesen Interessengegen-

[1] Gleichlautender Grundsatz auch in den Landespersonalvertretungsgesetzen: LPVG BaWü § 2 Abs. 1, BayPVG Art. 2 Abs. 1, PersVG Bln § 2 Abs. 1. PersVG Brb § 2 Abs. 1, BremPVG § 52 Abs. 1, HmbPersVG § 2 Abs. 1, HPVG § 2 Abs. 1, PersVG MV § 2 Abs. 1, NPersVG § 2 Abs. 1, LPVG NRW § 2 Abs. 1, LPersVG RLP § 2 Abs. 1, SPersVG § 2 Abs. 1, SächsPersVG § 2 Abs. 1, PersVG LSA § 2 Abs. 1, MBG SH § 1 Abs. 2, ThürPersVG § 2 Abs. 1

satz voraus. Im Betrieb hat der Betriebsrat die Interessen der von ihm repräsentierten Belegschaft wahrzunehmen. Das wird durch § 2 Absatz 1 BetrVG sowie auch durch § 74 Absatz 1 Satz 1 und § 76 BetrVG nur insoweit modifiziert, das anstelle möglicher Konfrontation die Pflicht zur beiderseitigen Kooperation tritt. Dennoch bleibt der Betriebsrat Vertreter der Belegschaft gegenüber dem Arbeitgeber. Er ist zu vertrauensvoller Zusammenarbeit, nicht aber dazu verpflichtet, die Interessen der Belegschaft zurückzustellen. Damit obliegt dem Betriebsrat eine ‚arbeitnehmerorientierte Tendenz' der Interessenvertretung." (Auszug aus dem Beschluss des Bundesarbeitsgerichts vom 21.04.1983, Az.: 6 ABR 70/82).

Personalrat und Dienststellenleitung befinden sich demnach in ungleichen Positionen. „Vertrauensvolle Zusammenarbeit" bedeutet deshalb nicht, dass die im Betrieb bestehenden Konflikte durch bloße harmonische Verhaltensweisen gelöst werden.

Die „arbeitnehmerorientierte Tendenz" der Interessenvertretung gegenüber der Dienststellenleitung macht sich in der Praxis deutlich, indem betriebliche Konflikte ausgetragen werden. Das Gebot der Zusammenarbeit beinhaltet die Pflicht der Betriebsparteien, durch ständigen Dialog und die Mitwirkung an betrieblichen Entscheidungen Konflikte zu lösen. Der Gesetzgeber geht von einer fairen Zusammenarbeit aus. Kommen Personalrat und Dienststellenleitung bei Meinungsverschiedenheiten zu keiner Einigung besteht beispielsweise die Möglichkeit der Schlichtung durch die Einigungsstelle.

Die Zusammenarbeit von Personalrat und Dienststellenleitung soll sich auf

- das Wohl der Belegschaft **und**
- das Wohl der Verwaltungsorganisation

beziehen.

Die Interessenlage der anderen Seite soll nicht von vornherein ausgeblendet werden. Der Arbeitgeber darf deshalb in Gesprächen mit dem Personalrat die Forderungen der Arbeitnehmervertretung nicht ungeprüft zurückweisen und ausschließlich auf Durchsetzung seiner wirtschaftlichen Interessen abstellen. Im Umkehrschluss bedeutet dies für den Personalrat, auch auf die „wirtschaftliche Vertretbarkeit" seiner Forderungen zu achten, ohne dabei seine Funktion als Interessenvertretungsorgan der Arbeitnehmer einzuschränken.

Personalräte können deshalb nicht verpflichtet werden, die Interessen der Dienststellenleitung wahrzunehmen.

Wichtig: Das Wohl der Dienststelle/der Behörde/der Verwaltung ist nicht allein über die wirtschaftlichen oder politischen Interessen zu definieren, sondern auch von grundlegenden Arbeitnehmerinteressen abhängig. Dazu zählen insbesondere die Gestaltung der Arbeitsbedingungen, der Vergütung und der Qualifizierung.

Eine wichtige Voraussetzung für die Zusammenarbeit sind regelmäßige Gespräche. Dienststellenleitung und Personalrat sollen regelmäßig zu einer Besprechung zusammentreten. Bei den Bundesbehörden und in den vielen Bundesländern gibt es im Personalvertretungsrecht die Vorgabe eines monatlichen Treffens (vgl. z. B. § 66 Abs. 1 BPersVG); in einigen Bundesländern wird ein mindestens vierteljährliches Treffen verlangt (z. B. Baden-Württemberg, Niedersachsen, Nordrhein-Westfalen).

In diesem **Monatsgespräch (bzw. Vierteljahresgespräch)** ist über strittige Fragen mit dem ernsten Willen zur Einigung zu verhandeln und es sind Vorschläge für die Beilegung von Meinungsverschiedenheiten zu machen.

Für die Durchführung dieses regelmäßigen Gesprächs ist keine besondere Form vorgeschrieben. Einladen können beide Seiten, über den Ort und Zeitpunkt ist Einigung zu erzielen. Eine Tagesordnung ist nicht vorgeschrieben, kann jedoch in der Praxis sinnvoll sein. Können sich beide Seiten nicht auf den Inhalt der Tagesordnung einigen, sollten beide Seiten Gesprächspunkte benennen, damit eine Vorbereitung auf anstehende Themen möglich ist. Das Monats- bzw. Vierteljahresgespräch ist keine Personalratssitzung, sodass der Personalrat während dieser Beratung mit der Leitung der Dienststelle auch keine Beschlüsse fassen kann.

Praxis-Tipp

In Gesprächen oder Verhandlungen mit der Dienststellenleitung ist es vor allem wichtig, dass der Personalrat mit einer klaren Positionierung auftritt. Dies setzt Beratungen in den Personalratssitzungen zu diesen Themen voraus, damit die

Vertreter des Gremiums – in der Regel der Vorsitzende – diese Position auch vertreten können.

6. Ausreden zählen nicht – Arbeitsbefreiung als Möglichkeit für jedes Mitglied im Personalrat

Viele Vorsitzende klagen darüber, dass Personalratsmitglieder auf die fehlende Zeit für die Gremientätigkeit verweisen.

Nach den Vorgaben der Personalvertretungsgesetze (z. B. § 51 BPersVG) besteht ein Anspruch auf Dienstbefreiung für erforderliche Personalratsarbeit während der Arbeitszeit (z. B. Teilnahme an Personalratssitzungen, Besprechung mit Angehörigen der Dienststelle, Begehungen zum Zwecke des Arbeitsschutzes).

4

Zur Befreiung von der Arbeit hat das Gremiumsmitglied keine Zustimmung des Arbeitgebers einzuholen. Von einem Abmeldeverfahren ist im Gesetz keine Rede. Der Vorgesetzte ist lediglich so rechtzeitig wie möglich über das Verlassen des Arbeitsplatzes zu informieren. Es reicht aus, wenn das Mitglied in groben Zügen den Grund der Freistellung nennt, z. B. „Beratung über Einführung einer neuen Arbeitszeiterfassung". Konkrete Angaben wie etwa der Name eines Gesprächspartners oder Inhalte einer Beratung sind nicht zu nennen. Der Vorgesetzte soll lediglich über die Abwesenheit vom Arbeitsplatz Bescheid wissen, damit geplant werden und für entsprechende Arbeitsentlastung des Mitglieds und Personalverstärkung des betroffenen Bereichs gesorgt werden kann. Sollte der Arbeitgeber Versuche in diese Richtung unternehmen, handelt es sich um eine Behinderung der Arbeit der Interessenvertretung, die rechtlich unterbunden werden kann. Bei Abmeldung sollte auch eine ungefähre Angabe zur Dauer angegeben werden. Diese Zeitangabe sollte jedoch eher großzügig gewählt werden.

Praxis-Tipp:

Sofern unterstellt wird, dass in den Abmeldezeiten keine erforderliche Personalratstätigkeit erfolgt, kann die Vergütung für diese Zeiten verweigert werden. Um bei einem möglichen Rechtsstreit auch Argumentationsmöglichkeiten zu haben, sollte das Personalratsmitglied eine stichwortartige Auflistung der an den einzelnen Arbeitstagen erbrachten Personalratsarbeit unter Angabe der aufgewendeten Zeit erstellen. Diese Liste sollte nur für die eigenen Unterlagen geführt und nicht dem Arbeitgeber zur Verfügung gestellt werden.

Nach Beendigung der Personalratsarbeit hat eine Rückmeldung an den direkten Vorgesetzten zu erfolgen. Ein weitergehendes Rückmeldeverfahren etwa gegenüber der Dienststellenleitung oder der Personalabteilung ist unzulässig. Manche Vorgesetzte versuchen dennoch, Personalratsmitgliedern ein schlechtes Gewissen einzureden. „Muss denn ausgerechnet heute eine Personalratssitzung sein?", wird nicht selten argumentiert und versucht, die Arbeit des Personalrats zu behindern. Kommt es bei einer beabsichtigten Arbeitsbefreiung zu Konflikten mit dem Vorgesetzten, sollte sich auch der Personalratsvorsitzende einschalten. So wird deutlich, dass sich das Gremium auch für die Rechte der einzelnen Mitglieder einsetzt.

Aber: Personalratsmitglieder müssen sich mit dem eigenen „schlechten Gewissen" auseinandersetzten. Die Arbeitnehmervertretung sollte deshalb alle Mitglieder des Gremiums motivieren, dass der gesetzliche Anspruch Gültigkeit hat: Gremiumsarbeit hat Vorrang vor der arbeitsvertraglichen Pflicht. Sofern sich das Mitglied jedoch aus vermeintlichem Zeitmangel lediglich darauf beschränkt, auf Handlungen des Arbeitgebers zu reagieren, entfallen wichtige Eingriffsmöglichkeiten der Interessenvertretung. Eine effektive Arbeit im Personalrat ist nur durch Arbeitsteilung möglich.

Delegieren

1. Delegation als Aufgabe einer Führungskraft 58
2. Delegieren aus Sicht des Personalratsvorsitzenden 60
3. Motivation zur Mitarbeit 61
4. Delegieren lernen 63
5. Aufgabenverteilung unter Berücksichtigung der persönlichen Fähigkeiten 64
6. Das Delegieren in der Praxis organisieren 67

5

1. Delegation als Aufgabe einer Führungskraft

Auf was muss eine Führungskraft beim Delegieren von Aufgaben achten? Diese Frage ist wichtig, um den Zusammenhang zur Personalratsarbeit herstellen zu können. Die Aufgaben einer Führungskraft lassen sich vereinfacht auf vier Grundfunktionen beziehen:

- **Planung**

  Sie muss die Ziele festlegen, Pläne zur Verwirklichung der Ziele aufsetzen.

- **Organisation**

  Sie muss die notwendigen und vorhandenen Ressourcen einschätzen sowie die Arbeitsverteilung planen.

- **Kontrolle**

  Sie muss die Standards zur Bewertung der Arbeit festlegen und den Arbeitsfluss überprüfen.

5

- **Motivation**

  Sie muss erforderliche Anweisungen geben, Mitarbeiter in ihrer Entwicklung fördern und motivieren sowie ein produktives Arbeitsklima schaffen.

Dieser Aufgabenkatalog macht deutlich, dass fachliche Aufgaben in vielen Fällen sehr umfänglich sind. Aus diesem Grund ist das Delegieren von besonderer Bedeutung. Die Delegation ist die Übertragung einer klar umrissenen Aufgabe, der dazugehörenden Kompetenzen und der damit verbundenen Verantwortung auf einen Mitarbeiter.

Was hält vom Delegieren ab?

Führungskräfte nennen jedoch häufig Gegenargumente, aus welchen Gründen viele Aufgaben nicht delegierbar wären. Hiermit sollte sich jede Führungskraft kritisch auseinandersetzen:

- **„Ich kann es besser" – Trugschluss der Omnipotenz**

  Die Vorstellung „Ich kann es selbst besser machen" sollte nicht das Entscheidungskriterium sein. Vielmehr geht es nicht darum, wer eine Aufgabe besser macht – sondern vielmehr um eine Abwägung, ob es vorteilhafter ist, manche Aufgaben weiterzugeben, um sich selbst mit der Planung und Organisation der Zusammenarbeit im Team zu beschäftigten.

- **Mangelndes Vertrauen**

  Führungskräfte sollten sich informieren, welche Stärken und Schwächen ein Mitarbeiter hat. Davon ausgehend können Aufgaben delegiert werden.

- **„Mitarbeiter erwarten Antworten von mir"**

  Aufgabe des Vorgesetzten ist es auch, gemeinsam mit dem Mitarbeiter nach Lösungen zu suchen – oder den Mitarbeiter anzuleiten. Falsch ist in vielen Fällen die Antwort „Ach, dann lassen sie den Vorgang bei mir...", wenn ein Mitarbeiter mit Fragen zur Führungskraft kommt.

- **„Bis ich die Aufgabe erklärt habe, habe ich es selbst erledigt"**

  Das Problem bei dieser Auffassung: Nimmt sich ein Vorgesetzter nicht die Zeit, bestimmte Aufgaben einem Mitarbeiter beizubringen, wird er diese Tätigkeit auf Dauer selbst erledigen müssen.

Aufgaben, die zum Delegieren geeignet sind

Führungskräfte delegieren meist, um mehr Zeit für komplexe und schwierige Managementaufgaben zu gewinnen, insbesondere:

- **Routine-Tätigkeiten**

  Sich wiederholende Aufgaben beanspruchen häufig einen Großteil der Arbeitszeit. Die meisten Aufgaben können nach einer kurzen Erklärung der Vorgehensweise delegiert werden.

- **Tätigkeiten für besser qualifizierte Mitarbeiter**

  Manche Mitarbeiter sind für gewisse Aufgaben besser qualifiziert als die Führungskraft. Diese Aufgaben sind dann bei diesen auch besser aufgehoben.

- **„Aufgaben, die ich nicht mag"**

  Aufgaben, die als lästige Pflicht angesehen werden, werden oft verschoben oder schlecht ausgeführt. Die entscheidende Frage: Gibt es Möglichkeiten, diese Aufgaben zu delegieren?

- **Arbeiten mit Erfahrungsgewinn**

  Der Mitarbeiter hat die Möglichkeit, sich mit neuen Aufgaben auseinanderzusetzen und daran zu wachsen.

- **abwechslungsreiche Tätigkeiten**

  Andere Tätigkeiten können den Mitarbeiter motivieren.

2. Delegieren aus Sicht des Personalratsvorsitzenden

In vielen Gremien ist die Arbeitsverteilung immer wieder Diskussionsthema. Die einen fühlen sich überlastet, andere ausgebremst. Freigestellte sind frustriert, weil vieles an ihnen hängen bleibt, die Nichtfreigestellten beschweren sich über fehlende Akzeptanz. Im Gremium sollte deshalb – möglichst zu Beginn der neuen Amtsperiode – über die Arbeitsverteilung gesprochen werden.

Das Delegieren aus Sicht des Vorsitzenden unterscheidet sich nicht gravierend vom Ansatz einer Führungskraft. Die geschilderten Gegenargumente werden auch von Personalratsvorsitzenden genannt. „Bis ich die Aufgabe erklärt habe, habe ich es selbst erledigt" oder „Kein Personalratsmitglied kann eine Dienstvereinbarung in der Qualität ausarbeiten wie ich als Vorsitzender" sind Sätze, die immer wieder als Gegenargument dienen. Entscheidend sind deshalb die Fragen:

5

- Was will der Personalratsvorsitzende?
- Sieht der Vorsitzende für sich einen Nutzen im Delegieren?
- Ist der Vorsitzende überzeugt, dass durch die Arbeitsteilung die Personalratsarbeit erfolgreicher gestaltet werden kann?
- Kann der Vorsitzende die Arbeit in der jetzigen Form weiter leisten? Wird das Aufgabenvolumen weiter zunehmen, wenn das Gremium weitere Themen angeht?

Diese Klärung ist eine wichtige Voraussetzung. Denn nur so macht es auch Sinn, innerhalb des Gremiums über Formen der Arbeitsteilung zu diskutieren. Auch der Personalrat muss klären:

- Was will jedes einzelne Mitglied?
- Ist jedem die Rolle des Mitgliedes bewusst? Welche Aufgaben gehören neben der Teilnahme an der Sitzung dazu?
- Wie ist der Umgang miteinander in der Sitzung? Welche Erwartungen bestehen dem Vorsitzenden gegenüber? Kann der Vorsitzende diesen Erwartungen gerecht werden?

Die Rollenklärung gilt auch für den Vorsitzenden. Der Personalratsvorsitzende hat eine Amtsmacht, die ihm vom Gesetz zugestanden wird. Der Vorsitzende arbeitet in einem Spannungsfeld einerseits formaljuristischer Anforderungen und andererseits Erwartungen der Gremiumsmitglieder. Der Gesetzgeber hat dem Vorsitzenden eine starke Stellung zugewiesen. Die anderen Mitglieder haben dadurch aber keine untergeordnete Position, denn sonst wäre der restliche Personalrat degradiert und der Vorsitzende überfordert.

Zunächst sollte sich der Personalrat einen Überblick verschaffen:

- War die bisherige Aufgabenverteilung und Rollenverteilung sinnvoll?
- Wie verstehen wir die Stellung des Vorsitzenden?
- Welche Aufgaben, Stärken und Kompetenzen haben wir als Personalrat?
- Wie sollen Freistellungen und Teilfreistellungen verteilt werden?
- Welcher Zeitaufwand ist damit verbunden?Stehen Zeitaufwand und Nutzen in einem vernünftigen Verhältnis?

Folgende Leitfragen sollten bei der Arbeitsverteilung bedeutsam sein:

- Wer kümmert sich um was?
- Wie arbeiten sie?
- Wer entscheidet was?
- Welcher Beitrag wird von jedem Mitglied erwartet?

3. Motivation zur Mitarbeit

Auch wenn dies auf den ersten Blick etwas abwegig erscheint, sind Motivationsinstrumente auch für den Personalrat von Bedeutung. Beim Job Enlargement führt ein Mitarbeiter, der bislang auf eine Tätigkeit beschränkt war, nun mehrere verschiedene Tätigkeiten auf demselben Anforderungsniveau aus. Eine Anreicherung der bisherigen Tätigkeit erfolgt beim Job Enrichment, indem Arbeiten hinzukommen, die ein höheres Anforderungsniveau haben.

Diese „Erweiterung der Tätigkeit" gilt auch für Personalratsmitglieder. Wer neben seiner alltäglichen Arbeit in Verwaltung oder Produktion mit der Ausarbeitung von Dienstvereinbarungen beschäftigt ist, kann diese Abwechslung auch als motivierend empfinden. Die Gestaltung der Arbeitsbedingungen im Sinne der Beschäftigten und der erfolgreiche Abschluss von Vereinbarungen mit dem Arbeitgeber empfinden viele Personalratsmitglieder als motivierend für die weitere Tätigkeit im Gremium.

Die Personalratsarbeit ist in diesem Sinne nicht als zusätzliche zeitliche Belastung – neben den arbeitsvertraglichen Pflichten – zu sehen. Die Erkenntnis der einzelnen Mitglieder, dass im Betrieb etwas verändert werden kann und der Einzelne mitgestalten kann, wirkt so motivierend für die weitere Gremiumsarbeit.

Die Aufgabenverteilung muss aber organisiert werden. Bei völlig neuen Aufgaben neigen Menschen dazu, diesen Auftrag zu überschätzen, vor allem wenn diese Arbeiten bis dahin von jemandem ausgeführt wurden, der für besonders fit und fähig gehalten wird. Das Problem: Wer eine Aufgabe überschätzt, hält sie für sehr schwierig und traut sie sich kaum zu. Ein Personalratsmitglied meldet sich dann möglicherweise erst gar nicht für die Aufgabe.

Zu den Aufgaben des Vorsitzenden zählt auch durchaus, Mitglieder zu motivieren. Eine gezielte Aufgabenverteilung muss organisiert werden. Die erfahrenen Mitglieder sollten deshalb Unterstützung leisten. Wer eine Aufgabe übernimmt, muss in der Sache Klarheit haben:

- Was soll er tun?
- Warum soll er es tun?
- Wann soll er es erledigt haben?
- Wie und mit wem ist die Aufgabe auszuführen?

In einigen Gremien verbleiben fast alle Arbeiten beim Vorsitzenden oder den freigestellten Mitgliedern. Mancher Vorsitzende ist darüber zunächst nicht traurig. Die Gefahr der Überarbeitung ist jedoch groß. Und es wird anderen keine Chance gegeben, sich zu entwickeln. Wer als Vorsitzender erst dann das Gremium einbindet, wenn ihm das Wasser bis zum Hals steht, wird wenig Freude damit haben. Deshalb ist die Arbeitsverteilung ein wichtiges, wiederkehrendes Thema.

Der Vorsitzende muss das Delegieren lernen, ebenso müssen die anderen Mitglieder dies lernen und Aufgaben erledigen.

Wenn die Aufgabenverteilung funktionieren soll, müssen auch alle motiviert sein, ihre Aufgaben auszuführen. Das wird eher der Fall sein, wenn die Personalräte die Aufgabe als Zeichen der Anerkennung ihrer Fähigkeiten und des Vertrauens in ihre Zuverlässigkeit sehen. Demotivierend sind Begründungen wie „Ich schaff' das jetzt nicht mehr und du bist der Einzige, der noch greifbar ist".

Bei der Übertragung der Aufgaben sollte der Vorsitzende die Fähigkeiten ansprechen, die er beim anderen sieht:

- „Ich vertraue dir."
- „Du kannst gut mit Menschen umgehen."
- „Du kannst gut organisieren."
- „Du bist jemand, der sich immer weiter entwickeln will."

4. Delegieren lernen

Das Delegieren kann auch in kleineren Bereichen getestet werden:

- Personalratsmitglieder können die Diskussion bei einzelnen Tagesordnungspunkten leiten, während der Vorsitzende die Sitzung nur formell eröffnet.
- Laufende Geschäfte können nach Interessen und Fähigkeiten verteilt werden.
- Die Terminpflege kann zwischen den Personalratsmitgliedern aufgeteilt werden.

Beispiele

Geeignete Aufgaben zum Delegieren können sein:

- **Routine-Tätigkeiten**

  Sortiertätigkeiten können beispielsweise aufgeteilt werden.

- **Tätigkeiten für besser qualifizierte Mitarbeiter**

  Möglicherweise hat ein Personalratsmitglied mit einer IT-Ausbildung einen besseren Draht, die neue Telefonanlage oder andere Technik einzuschätzen und für den Personalrat nach Knackpunkten für eine Betriebsvereinbarung zu suchen?

- **„Aufgaben, die ich nicht mag"**

  Hat ein anderes Personalratsmitglied einen leichteren Umgang mit Gesetzeskommentaren und kann so den Vorsitzenden bei der Vorabklärung rechtlicher Fragen unterstützen?

- **Arbeiten mit Erfahrungsgewinn**

Die Mitglieder wachsen mit ihren Aufgaben, etwa bei Verhandlungen mit dem Arbeitgeber oder der Arbeit mit Gesetzen. Der Schulungsanspruch der einzelnen Personalratsmitglieder erleichtert eine Erweiterung der Qualifikation.

- **abwechslungsreiche Tätigkeiten**

  Die Gremiumsarbeit kann auch eine willkommene Ergänzung zur Alltagsarbeit darstellen.

5. Aufgabenverteilung unter Berücksichtigung der persönlichen Fähigkeiten

Die Vorbereitung der Aufgabenverteilung ist entscheidende Voraussetzung für das erfolgreiche Delegieren.

Vorab sollten folgende Fragen geklärt werden:

1. Welche Aufgaben müssen erledigt werden? Die Themen sollten gemeinsam in einer Grundsatzsitzung oder Klausurtagung des Personalrats festgelegt werden, damit die Personalratsmitglieder die Aufgaben nicht als vom Vorsitzenden festgelegt empfinden.
2. Was kann und sollte delegiert werden?
3. Welche Aufgaben passen am besten zu den Fähigkeiten und Interessen der einzelnen Personalratsmitglieder?
4. Wem könnte die Aufgabe in seiner Entwicklung helfen?
5. Wer kann es jetzt übernehmen?
6. Wer muss erst eingearbeitet werden?

Delegieren bedeutet nicht, Arbeiten „nach unten" zu schieben. Delegieren bedeutet Zuteilung der Arbeit, indem kommuniziert wird. Das bedeutet auch Beratung und Förderung durch den Vorsitzenden.

Besteht ein Mangel an Vertrauen und eine schlechte Kommunikationsbasis, werden das gegenseitige Verständnis und die Motivation kaum vorhanden sein. Beim Kommunizieren sind dabei folgende Punkte von besonderer Bedeutung:

- **die Aufgabe genau beschreiben**

  Dabei sind alle vorhandenen Informationen weiter zu geben und – bei fehlenden Informationen – Stellen zu benennen, über die erforderliche Informationen zu beschaffen sind.

- **den Zeitrahmen genau besprechen**

  Wie schätzt der Personalrat den Zeitrahmen ein? Welche Erfahrungswerte gibt es bei ähnlichen Aufgaben?

- **Rahmenbedingungen benennen**

  Welche Konflikte können sich ergeben? Wie reagieren Abteilungsverantwortliche, wenn der Personalrat seine Mitbestimmungsrechte nutzen will?

- **für erforderliche Schulungen sorgen**

  Welche Qualifizierungsmaßnahmen können das Mitglied unterstützen? Wann finden diese Maßnahmen statt?

- **klären, wie oft Rückmeldungen erfolgen sollen**

  Wann soll das Mitglied im Gremium berichten? Welche Rückmeldungen an den Vorsitzenden sollen erfolgen?

- **den anderen mitteilen, wer verantwortlich ist**

  Wenn einzelne Mitglieder Aufgaben übernehmen, können sie in diesen Fragen auch Ansprechpartner der Personalabteilung sein. Das muss dem Ansprechpartner auf Arbeitgeberseite auch bekannt sein.

Während der Personalratssitzung sollten Aufgaben an einzelne Mitglieder verteilt werden. Diese müssen genau prüfen,

- ob sie alle Informationen haben, die sie zur Erledigung des Auftrags brauchen, und
- ob mit der Aufgabe auch die Verantwortung für das Ergebnis bei ihnen liegt.

Die folgende Checkliste zeigt im Überblick, auf was beim Delegieren aus Sicht des Personalrats zu achten ist.

Checkliste: Delegieren im Personalrat

1. Vorbereitung

Analyse der Aufgaben:

- Welche Aufgaben und Verantwortungsbereiche des Personalrats lassen sich delegieren? Welche Organisationsaufgaben des Vorsitzenden fallen darunter?
- Welche Ziele hat der Personalrat?

2. Das Delegieren planen

Ziele, die erreicht werden sollen:

- Zeitachse: bis wann?
- Welche Beschlüsse sind erforderlich?
- Inwiefern soll der Vorsitzende einbezogen werden? Welche Befugnisse bestehen? Wer unterstützt wie?
- Welche Art der Rückmeldungen wird wann erwarten? Wann erfolgen Berichte in der Personalratssitzung?

3. Wer übernimmt diese Aufgabe?

- Wem ist die Aufgabe zuzuordnen? Wer ist am besten qualifiziert? Neigungen? Fähigkeiten?

  Erfahrene und weniger erfahrene Mitglieder sollten gemeinsam mit Aufgaben betraut werden, etwa der Erarbeitung von Eckpunkten einer Dienstvereinbarung. Dies kann Ängste bei Personen abbauen, die erstmals mit diesen Arbeiten betraut werden.
- Wer hat Interesse?
- Wer wurde in der Vergangenheit vergessen?

4. Das Delegieren durchführen

- Die Aufgabe und die erwarteten Ergebnisse festlegen
- Einigkeit über Ziele und Termine erzielen
- Anderen Personen/Abteilungen mitteilen, wer zuständig ist (z. B. Information an die Personalabteilung)

Nachfassen im Laufe des Prozesses ist ein wichtiges Thema:

Dazu muss ein vernünftiger Zeitplan für die Berichterstattung festlegt sowie offen und ehrlich mit Rückmeldungen umgegangen werden:

- Was kann besser gemacht werden?
- Wer kann zusätzlich unterstützen?
- Welche Unterstützung durch den Vorsitzenden wird benötigt?
- Bei Problemen ist wichtig, nicht in „selbsterfüllende Prophezeiungen" zu verfallen, indem dem Mitglied Fehler als Vorwürfe vorgehalten werden („Wusste ich es doch, dass das nicht klappt", „Da kann ich es beim nächsten Mal ja selbst machen!")
- Erfolge anerkennen
- nur einmischen, wenn es unbedingt erforderlich ist.

6. Das Delegieren in der Praxis organisieren

Ein Beispiel aus einem Kommunalbetrieb verdeutlicht, wie ein Personalrat Aufgaben im konkreten Einzelfall delegieren kann.

Der Arbeitgeber – ein kommunaler Energieversorger in Nordrhein-Westfalen – konfrontierte den Personalrat mit seinen Planungen für das nächste Jahr. Ziel war eine Kostensenkung, die auch durch Rationalisierung bzw. Personalabbau erreicht werden soll. Wie dieses Ziel konkret erreicht werden sollte, ließ der Arbeitgeber zunächst offen. Zahlen, wie viele Arbeitsplätze entfallen oder umorganisiert werden sollen, nannte er nicht bzw. ließ dies offen.

Der Personalrat wurde mit diesen Vorstellungen konfrontiert, die Belegschaft gleichzeitig vom Arbeitgeber informiert. Der Personalrat bestand aus neun Mitgliedern, wobei dem fünfköpfigen Wirtschaftsausschuss[1] nur ein Personalratsmitglied angehörte.

In seiner Sitzung war sich der Personalrat einig:

- Der Personalrat muss eine eigene Strategie entwickeln.
- Es handelt sich um eine umfassende Aufgabe des Gremiums, die nicht allein durch den Vorsitzenden zu leisten ist.

---

[1] Zum Wirtschaftsausschuss in Nordrhein-Westfalen siehe § 65 LPVG NRW. Regelungen zum Wirtschaftsausschuss gibt es auch in Niedersachsen (§ 60a NPersVG) und Baden-Württemberg (§ 72 LPVG BW).

- Nur durch Arbeitsteilung kann sich der Personalrat dieser Aufgabe stellen.

Inhaltlich wollte der Personalrat das Kostensenkungsthema in zwei Schritten angehen:

a) Thema „Überprüfung des Einsparziels“

Der Personalrat wollte die Höhe des vom Arbeitgeber genannten Betrages zur Einsparung überprüfen und kritisch hinterfragen:

- Die Überprüfung sollte durch den Wirtschaftsausschuss erfolgen, der Unterlagen zur Kostensituation, bezogen auf die einzelne Abteilungen und den gesamten Betrieb, anforderte.
- Es wurde ein konkreter Termin von Personalrat und Wirtschaftsausschuss festgelegt, bis zu dem eine inhaltliche Einschätzung erfolgen sollte.

Das Ergebnis der Überprüfung formulierte der Wirtschaftsausschuss wie folgt:

- Das Kostensenkungsziel ist für den Wirtschaftsausschuss nicht nachvollziehbar.
- Der Einsparungsbedarf ist geringer!

Diese Position vertrat der Personalrat in Verhandlungen mit dem Arbeitgeber – unterstützt durch Zahlenmaterial des Wirtschaftsausschusses.

b) Thema „Alternativen zu Personalkosteneinsparung“

Der Personalrat entwickelte Alternativen zur Kostensenkung im Personalbereich:

- Statt Personalkosten sollten Sachkosten gesenkt werden – dazu sollten einzelne Kostenblöcke hinterfragt und Alternativen erarbeitet werden.
- Auch wollte der Personalrat Verbesserungsvorschläge für den Vertrieb erarbeiten, um den Umsatz zu steigern
- Dazu sollten je nach Abteilung Arbeitsgruppen von Personalrats- und Wirtschaftsausschussmitgliedern gegründet werden.

Die Vorteile dieser Strategie:

- Der Personalrat streitet für ein eigenes Konzept – statt sich durch ein reines Neinsagen zu den Arbeitgeberplanungen in die Defensive zu bringen.
- Da der Personalrat diese Vorgehensweise gemeinsam erarbeitet hat, sind bei der konkreten Vorgehensweise auch alle Personalratsmitglieder zur Mitarbeit zu motivieren – oder bereits von sich aus motiviert!

Aufgaben und Verantwortungsbereiche wurden vom Personalrat in der Sitzung festgelegt

- Zuständigkeiten: Arbeitsgruppen für bestimmte Kostenblöcke bzw. Abteilungen wurden gebildet
- Ziele waren die Analyse der Kostenstellenberichte und die Erarbeitung von Gegenvorschlägen zur Kostensenkung im Sachkostenbereich

Die Ziele wurden durch Beschluss des Personalrats geklärt:

- Welche Entscheidungen sind erforderlich? Die Vorbereitung der Vorschläge erfolgte durch die Arbeitsgruppen, die Entscheidung durch den gesamten Personalrat.
- Welche Befugnisse bestehen? Die Klärung offener Punkte erfolgte eigenständig durch die Arbeitsgruppen, die auch Termine mit den fachlichen Ansprechpartnern wie den Abteilungsleitern wahrnahmen. Termine zu Verhandlungen mit dem Arbeitgeber zu einem späteren Zeitpunkt wurden jedoch durch Beschluss des Personalrats festgelegt.

Wer übernahm die Aufgabe:

- Die Zuordnung der Aufgaben war kein besonderes Diskussionsthema, denn die Personalratsmitglieder aus den betroffenen Abteilungen kümmerten sich auch um die Alternativvorschläge für diesen Bereich.
- Motivation war gegeben, da die Personalratsmitglieder selbst von den Auswirkungen der Arbeitgeberplanungen betroffen sein konnten.
- Die Personalratsmitglieder waren als Experten der personellen Situation in den Abteilungen vorgesehen, die Wirtschaftsausschussmitglieder als Experten für die wirtschaftlichen Daten.

Der Zeitplan war durch Beschlussfassung des Personalrats festgelegt. Einige Personalratsmitglieder waren unsicher im Auftreten gegenüber den Abteilungsleitern, deshalb war der Personalratsvorsitzende beim Erstgespräch teilweise dabei.

Das Ergebnis: Durch Erarbeitung dieser „Alternativen zur Personalkosteneinsparung" konnte der Personalrat verhindern, dass Arbeitsplätze verloren gingen.

Dieses Beispiel verdeutlicht, wie wichtig die Arbeitsteilung und das Delegieren vor allem bei umfassenden Aufgaben des Gremiums ist.

Agieren statt Reagieren: Arbeitsteilung in der Praxis

1. Ziele formulieren ... 72
2. Praxisbeispiel 1 „Informationen beschaffen – statt der Entwicklung hinterherlaufen!" ... 73
3. Praxisbeispiel 2 „Agieren statt Reagieren – Der Personalrat bringt Themen voran" ... 75
4. Praxisbeispiel 3 „Personalversammlung als Teamarbeit" ... 78
5. Praxisbeispiel 4: „Digitalisierung in der Verwaltung" ... 83
6. Schlussfolgerungen – Arbeitsteilung organisieren ... 87

1. Ziele formulieren

Für Personalräte ist es frustrierend, zuerst mit Schwung und Hoffnung an Aufgaben zu gehen und nach einiger Zeit aufzugeben, da nichts zu erreichen ist. Einige Regeln für erreichbare Ziele erleichtern die Planung. Zunächst ist das Ziel konkret zu formulieren:

- Was genau soll erreicht werden?
- Das Ziel muss überprüfbar und messbar sein.
- Das Ziel muss beschrieben werden, nicht die Maßnahme („Was" soll erreicht werden, nicht „wie")

Wichtig: Das Ziel ist positiv zu formulieren: Was genau soll das Ergebnis sein? – formuliert ohne Verneinung.Nicht: Was soll vermieden werden oder unterbleiben?

Randbedingungen sind festzulegen, indem Verantwortungsebenen geklärt werden:

- Das Ziel muss etwas sein, was eigenverantwortlich – d. h. vom Personalrat – erreicht werden kann.
- Das Ziel muss im eigenen Einflussbereich liegen.
- Der Erfolg darf nicht davon abhängen, dass sich andere ändern.

6

Die nötigen Ressourcen sind zu prüfen:

- Welche Fertigkeiten brauchen wir, um das Ziel zu erreichen?
- Über welche verfügen wir? Welche fehlt noch?
- Wie werden wir sie bekommen? (Zwischenziele)

Wie die konkrete Zielsetzung erarbeitet werden kann, zeigen die folgenden Praxisbeispiele.

2. Praxisbeispiel 1 „Informationen beschaffen – statt der Entwicklung hinterherlaufen!"

Eine regelmäßige Information über die Planungen der Dienststellenleitung ist eine wichtige Voraussetzung für eine erfolgreiche Personalratsarbeit. Der Personalrat kann seinen gesetzlichen Auftrag nur wahrnehmen, wenn er rechtzeitig und umfassend unterrichtet wird (§ 66 Abs. 1 BPersVG)[1]

Oft erhalten Arbeitnehmervertretungen zu wenige Informationen oder müssen wichtige Unterlagen anfordern, obwohl Informationspflichten des Arbeitgebers bestehen. Wie dieses Praxisbeispiel anhand eines Digitalisierungsprojekts („E-Government-Projekt") aufzeigen soll, gibt es für den Personalrat gute Wege um das „Dauerthema fehlende regelmäßige Unterrichtung" angegangen werden kann.

Entscheidet sich der Personalrat in einer Klausurtagung, dieses Thema grundlegend anzugehen, so muss er sich zunächst den rechtlichen Rahmen vergegenwärtigen:

Der Personalrat ist nach § 66 Abs. 1 BPersVG rechtzeitig und umfassend zu unterrichten.

- Rechtzeitig ist eine Information immer dann, wenn der Personalrat in der Lage ist, die Angelegenheit ausreichend zu prüfen, zu bewerten und eine Entscheidung zu treffen, um auf diese Weise seine Gesichtspunkte in das Verfahren einzubringen.
- Als umfassend ist eine Information anzusehen, wenn Dienststelle und Personalrat dieselben Kenntnisse über die zur Entscheidungsfindung erheblichen Unterlagen oder Sachverhaltseinschätzungen haben.

Der Technik-Einsatz aus diesem Beispiel ist mitbestimmungspflichtig, damit besteht ein Anspruch auf umfassende Information über diese Technik und deren Auswirkungen. Dazu zählen auch Veränderungen von Arbeitsverfahren und Arbeitsabläufen, die auf den Technik-Einsatz zurückzuführen sind.

[1] Dieser Anspruch existiert in allen Landespersonalvertretungsgesetzen: LPVG BaWü § 71 Abs. 1; BayPVG Art. 69 Abs. 2; PersVG Bln § 73 Abs. 1; PersVG Brb § 60 Abs. 1; BremPVG § 54 Abs. 3; HmbPersVG § 78 Abs. 2; HPVG § 61; PersVG MV § 60 Abs. 1 und 2; NPersVG § 60 Abs. 1 und 2; LPVG NRW § 65 Abs. 1; LPersVG RLP § 69 Abs. 2

Der Personalrat ist bereits zu informieren, wenn die Dienststelle in die Planung von E-Government-Konzepten einsteigt. Denn: eine rechtzeitige Information liegt nur dann vor, wenn diese so früh erfolgt, dass der Personalrat vor der Entscheidung des Arbeitgebers und bevor Tatsachen geschaffen wurden, die Möglichkeit hat, sich mit dem Thema auseinander zu setzen. Nur so wird der Personalrat ist in die Lage versetzt, in eigener Verantwortung zu prüfen, ob und welche Aufgaben sich aus dieser Information für das Gremium ergeben. Der Personalrat muss die Möglichkeit haben, seine Vorstellungen in den Entscheidungsprozess des Unternehmens einzubringen.

Die Personalvertretung muss also schon in der Planungsphase beteiligt werden, denn der Planungsbegriff umfasst auch bereits systematische Vorüberlegungen. Generell ist unter „Planung" das systematische Suchen und Festlegen von Zielen sowie das Vorbereiten von Aufgaben, deren Durchführung zur Zielerreichung erforderlich ist, zu verstehen.

Erfolgt keine oder keine ausreichende Unterrichtung, so hat dies auf die Maßnahme rechtliche Konsequenzen: dies kann bei Einzelmaßnahmen zur Unwirksamkeit bzw. Nichtigkeit wegen fehlender Mitbestimmung führen, Zustimmungsfristen laufen nicht an, die Aushändigung der Informationen kann eingeklagt werden.

Was kann der Personalrat unternehmen, wenn die Informationspflichten vom Arbeitgeber missachtet werden?

Die geschilderten Informationsansprüche – bis hin zu Umstrukturierungsplanungen und der Personalplanung – sind sehr weitgehend. In unserem Praxisbeispiel stand der Personalrat vor der Frage, wie mit den bisherigen Verstößen des Arbeitgebers gegen die Informationspflichten umzugehen ist.

In der Klausurtagung einigte sich der Personalrat zunächst darauf, dass Handlungsbedarf besteht. Es wurden zwei Personalratsmitglieder zu Verantwortlichen benannt, die künftig jeden Verstoß des Arbeitgebers gegen diese Pflichten dokumentieren sollten.

Diese Verstöße wurden dann im Monatsgespräch zum Thema gemacht. Nachdem der Personalrat das Thema – neben schriftlicher Hinweise – zum zweiten Mal im Monatsgespräch angesprochen hatte, wurden der Dienststellenleitung die rechtlichen Konsequenzen in einem Schreiben, das von allen Personalratsmitgliedern unterschrieben wurde, verdeutlicht.

Die Unterlagen lagen bereits dem Rechtsanwalt des Personalrats vor, als die Dienststellenleitung die Einhaltung ihrer Unterrichtungspflichten zusicherte; sie hielt sich auch an diese Aussage, lieferte die ausstehenden Informationen und unterrichtete dann laufend über Entwicklungen.

Nicht jeder Arbeitgeber ist so schnell einsichtig. Das Beispiel verdeutlicht aber, wie es mit Entschlossenheit und konsequentem Handeln des Personalrats gelingt, einen Umdenkungsprozess bei der Dienststellenleitung herbeizuführen.

3. Praxisbeispiel 2 „Agieren statt Reagieren – Der Personalrat bringt Themen voran"

Eine Bestandsaufnahme der Aufgaben ist ein wichtiger Schritt zum strukturierten Arbeiten des Personalrats. Verschiedene Aufgaben sind unterschiedlich zu gewichten, da sich die Anforderungen unterscheiden. Routineaufgaben benötigen einen anderen Zeitaufwand als langfristige Projektaufgaben oder unvorhergesehene Aufgaben. Einige Aufgaben wiederholen sich regelmäßig. Das sind zum Beispiel die Personalratssitzungen. Sie bilden den Kern der Personalratsarbeit. Immer wieder werden Personalräte jedoch auch mit aktuellen Themen konfrontiert, auf die schnell zu reagieren ist.

Ein neuer Personalrat sollte in den ersten Sitzungen eine Menge an Anforderungen, Themen, Forderungen und Problemen zusammentragen, je nach Bedürfnis der einzelnen Mitglieder. Jeder hatte seine Gründe zur Kandidatur – eine Gesamtstrategie ist dabei selten zu erkennen. Aber auch Gremien, die seit einiger Zeit zusammenarbeiten, sollten zumindest jährlich eine Bestandsaufnahme vornehmen.

Die Aufgaben des Personalrats lassen sich einteilen in:

- Routinetätigkeiten,
- aktuelle Aufgaben und
- Schwerpunktaufgaben.

Routinetätigkeiten sind Aufgaben, die sich häufig wiederholen. Das sind Verwaltungsaufgaben aus dem Alltagsgeschäft wie Schriftverkehr, Einladung zu Sitzungen oder die Tagesordnung. Es können auch regelmäßige Aufgaben sein, die sich in ähnlicher Form bearbeiten lassen. Dazu zählt beispielsweise die Überprüfung innerbetrieblicher Stellenausschreibungen oder die Bildungsplanung für den Personalrat.

Aktuelle Aufgaben ergeben sich meist kurzfristig. Sie werden von der Dienststellenleitung an den Personalrat herangetragen – z. B. Umstrukturierungsplanungen – oder ergeben sich aus Informationen der Belegschaft, etwa Beschwerden über einen Vorgesetzten.

Schwerpunktaufgaben ergeben sich in der Regel aus der Initiative des Personalrats. Dies können Schutzfunktionen sein, etwa die Prüfung, ob Arbeitsschutzbestimmungen eingehalten werden. Es können aber auch Initiativen zu neuen Dienstvereinbarungen sein. Auch die Verbesserung des Informationsflusses zwischen Personalrat und Belegschaft kann zu dieser Gestaltungsaufgabe gehören. Die Gewichtung der Probleme anhand dieser Kategorien ist – vor allem zum Start einer Amtsperiode – nicht einfach. Das gilt vor allem für die Schwerpunktthemen.

Agieren statt Reagieren beim Gesundheitsschutz

Dies können beispielsweise Maßnahmen gegen zunehmenden Stress am Arbeitsplatz sein. Eine Gefährdungsanalyse gemäß § 5 Arbeitsschutzgesetz (ArbSchG) bietet Möglichkeiten zum Schutz vor steigenden Arbeitsbelastungen. Beim Arbeitsschutzgesetz hat die menschengerechte Gestaltung der Arbeit höchste Priorität. Nach § 5 Abs. 1 ArbSchG muss der Arbeitgeber – durch eine Beurteilung der für die Beschäftigten mit ihrer Arbeit verbundenen Gefährdung – ermitteln und festlegen,

- welche Gefahren für die Gesundheit der Beschäftigten bestehen,
- welche Maßnahmen zum Gesundheitsschutz erforderlich sind.

Das Arbeitsschutzgesetz bietet ein hohes Schutzniveau auch gegen Stress am Arbeitsplatz, da ein Minimierungsprinzip von Arbeitsbelastungen vorgeschrieben ist. Der Arbeitgeber hat die Pflicht, eine Gefährdungsanalyse für jeden Arbeitsplatz durchzuführen. Da der Personalrat diese Analyse durch seine Mitbestimmungsrechte durchsetzen kann und bei diesem Verfahren zu beteiligen ist, kann auf Maßnahmen zur Vermeidung von Stress gedrängt werden.

Agieren statt Reagieren durch aktive Mitwirkung in organisatorischen Fragen

Ein Mitwirkungsrecht besteht beispielsweise gemäß § 84 Abs. 1 Ziffer 3 BPersVG, wenn es um Fragen der Verlagerung von Aufgaben der Dienststelle geht, also Aufgaben, die üblicherweise von den Beschäftigten der Dienststelle wahrgenommen werden und die auf Dauer nach außen – an Privatpersonen oder andere Rechtsträger in der Rechtsform des Privatrechts – vergeben werden sollen (Outsourcing).

So etwa kann der Dienststellenleiter einer Sparkasse planen, die Dokumentenverwaltung sowie die Kundenhotline einer externen Firma zu übertragen.

Die Kosten-Nutzen-Rechnungen sind zunächst kritisch zu hinterfragen. Die Menge des vorgelegten Zahlenmaterials darf dabei nicht abschrecken. Der Personalrat sollte auf umfassender und rechtzeitiger Information bestehen, um dann aktiv Vorschläge einbringen. Wichtige Fragestellungen können sein:

- Können die Aufgaben in der Dienststelle verbleiben? Steht der bisherige Eigenleistung nur deshalb so schlecht da, weil dieser Bereich heruntergewirtschaftet und in der Vergangenheit kaum investiert wurde?
- Welchen Veränderungsbedarf sehen die Mitarbeiter?
- Welche Verbesserungsvorschläge können der Personalrat und die Beschäftigten entwickeln, um den von Verlagerungsplanungen bedrohten Bereich attraktiver zu gestalten? Was kann effektiver gestaltet werden?

Der Blick muss also über die reine Zahlenbetrachtung hinausgehen. Insbesondere die Sicherstellung eines guten Kundenservices hat eine hohe Bedeutung. Denn die Vertragsbeziehungen zu dem externen Anbieter bedeuten für das Unternehmen – hier im Beispiel die Sparkasse – eine Abhängigkeit. Daraus können sich Organisationsfehler, fehlerhafte Kommunikation, eine unzureichende Betreuung der Dienstleistungen oder mangelnde Akzeptanz beim Kunden ergeben.

Ebenso sind die langfristigen Auswirkungen der Verlagerung zu berücksichtigen. Häufig werden vom Anbieter günstige Preise genannt, um den Auftrag zu erhalten. Dieses „Einstiegsdumping" lohnt sich meistens für externe Anbieter, wenn der Bereich in der

6

Dienststelle vollständig aufgegeben wird und dann eine wirtschaftliche Abhängigkeit gegenüber Außenstehenden entsteht. Oft werden nach einiger Zeit die Preise erhöht – die dadurch erwachsenden Mehrkosten haben aber in der ursprünglichen Kostenrechnung keine Rolle gespielt. Für den Personalrat sind deshalb Unterlagen über die Vertragsgestaltung mit dem externen Anbieter bedeutsam.

Wichtige Fragen in diesem Zusammenhang sind:

- Wie werden die qualitativen Aspekte der Fremdvergabe und der sich ergebenden Risiken beschrieben? Dabei sind die Kriterien Qualität, Flexibilität, Zuverlässigkeit und Sicherheit entscheidend.
- Wer übernimmt die Kosten für Nacharbeiten im Betrieb bzw. gegenüber dem Kunden bei mangelhafter Lieferung bzw. Dienstleistung?
- Welche Service Level sind vorgegeben?
- Welche „weichen" Faktoren wurden übersehen? Strategische Ausrichtung?
- Wurden Verbesserungsmöglichkeiten der bisherigen Arbeitsabläufe in der Dienststelle in der Berechnung berücksichtigt? Wie kann ein Anpassungsprozess des Bereiches aussehen?

4. Praxisbeispiel 3 „Personalversammlung als Teamarbeit"

Die Personalversammlung ist das Forum des Personalrats. Sie sollte gemeinsam im Gremium vorbereitet werden – und als Team durchgeführt werden. Deshalb sind frühzeitig Absprachen zur inhaltlichen und organisatorischen Planung zu treffen.

Es ist festzulegen,

- welche Themen diskutiert werden sollen, und
- welche Personalratsmitglieder zu den einzelnen Punkten etwas berichten.

In der Regel beginnen Personalversammlung mit dem Tätigkeitsbericht des Personalrats. Hier kann bei einem Vortrag ohne Höhepunkte schnell Langeweile entstehen. Deshalb sollte zunächst überlegt werden, welche Informationen wirklich wichtig sind, welche Themen nicht oder nur kurz erwähnt und welche ausführlich dargestellt werden müssen. Die Themensammlung sollte nicht allein durch den Vorsitzenden erfolgen oder nur durch ihn vorbereitet werden. Viele Gremien erarbeiten diese Themen gemeinsam durch eine Kartenabfrage. Jedes Personalratsmitglied erhält beispielsweise fünf Karten, auf denen Themen für die Versammlung benannt werden können. So wird die Tagesordnung gemeinsam erarbeitet, was es auch erleichtert, die Themen und somit Redebeiträge auf viele Mitglieder zu verteilen.

Eine offene Bestandsaufnahme über die Arbeit der letzten Monate ist eine wichtige Voraussetzung. Der Personalrat sollte sich dem Thema in drei Schritten nähern, wobei ausreichend Zeit in den Personalratssitzungen einzuplanen ist:

a) Bestandsaufnahme

- Welche Themen haben den Personalrat in der letzten Zeit beschäftigt?

  Hier sollte der Personalrat eine Auflistung vornehmen. Die Themen sind dann nach der Wichtigkeit zu staffeln.

- Wie wurden die Themen angegangen?

  Gab es beispielsweise eine Kooperation mit dem Arbeitgeber? Oder gab es Konflikte mit ihm?

b) Bewertung der Personalratsarbeit

Der Personalrat sollte die Auflistung der Themen der letzten Zeit erneut durchgehen und mit folgenden Fragen beleuchten:

- Welche Erfolge sind festzustellen?
- In welchen Bereichen konnte der Personalrat seine Ziele nicht erreichen? Aus welchen Gründen?
- Welche Verhandlungsergebnisse sind aus Sicht der Belegschaft besonders wichtig?

c) Rückblick und Ausblick: Welche Themen interessiert die Belegschaft?

Im dritten Schritt sollten dann entschieden werden, welche Themen der Vergangenheit wichtig sind, um der Belegschaft die Bedeutung der Personalratsarbeit zu verdeutlichen.

Weiterhin sollte der Personalrat einen Ausblick auf die nächsten Monate wagen:

- Was könnte in Zukunft auf die Belegschaft zukommen?
- Welche Forderungen bzw. Planungen der Arbeitgeberseite sind bekannt?
- Wie will der Personalrat in der nächsten Zeit agieren?

Themen könnten beispielsweise sein:

- Gegenstrategien zur Ausgliederung von Arbeit,
- Veränderungen der Arbeitszeiten oder
- Vermeidung von Überwachung der Mitarbeiter beim Einsatz neuer Technik.

Daran anknüpfend sollte über Themen des Tätigkeitsberichts diskutiert werden. Es ist auch eine Gliederung der Tagesordnung anhand von Schwerpunktthemen möglich, z. B. zu Themen wie Arbeitszeit, Gesundheitsschutz oder geplanten Umstrukturierungen. Keinesfalls muss im Tätigkeitsbericht ausgeführt werden, wann sich der Personalrat in welcher Besetzung getroffen hat.

Zur Vorbereitung bietet es sich an, den Tätigkeitsbericht in verschiedene Themenblöcke einzuteilen. Zwar sollte über die Alltagsarbeit des Personalrats informiert werden, dabei ist aber nicht jedes Schreiben an die Geschäftsleitung zu erwähnen, sondern es sind exemplarisch einige Themen auszuwählen.

Beispielhaft sollte auch mindestens ein wichtiges Thema aus der Alltagsarbeit des Personalrats ausführlicher dargestellt werden. Wenn sich beispielsweise in letzter Zeit Abmahnungen gehäuft haben, kann darauf anhand von Beispielen eingegangen werden. Dabei sollte der rechtliche Rahmen erläutert und die Vorgehensweise des Personalrats beschrieben werden.

Bei Erarbeitung des Tätigkeitsberichts sollte arbeitsteilig vorgegangen werden. Bei Aufteilung der Themen sollte auch über die Verteilung der Redebeiträge auf einzelne Personalratsmitglieder gesprochen werden.

Die Vorbereitung kann durch einzelne Mitglieder erfolgen, die zu jedem einzelnen inhaltlichen Punkt darstellen sollten:

- Was ist geschehen?
- Welche Vorschläge und Forderungen hat der Personalrat?
- Wie hat der Arbeitgeber reagiert? Welche Position hat der Arbeitgeber?
- Welche Schritte zur Durchsetzung seiner Forderungen hat der Personalrat unternommen?
- Stand der Dinge: Was konnte erreicht werden? Was konnte noch nicht erreicht werden?
- Probleme, die auf der letzten Versammlung Thema waren und inzwischen vom Personalrat gelöst wurden, sind darzustellen.

Sollte zum Zeitpunkt der Versammlung eine Angelegenheit noch verhandelt werden:

- Wie ist der Stand der Verhandlungen mit dem Arbeitgeber?
- Worüber besteht Einigkeit?
- Was ist strittig?

Wichtig ist der „Blick nach vorne":

- Was will der Personalrat in den nächsten Monaten angehen?
- Welche Aufgaben stehen gemäß der Arbeitsplanung des Personalrats an?

Die Vorbereitung kann durch einzelne Mitglieder erfolgen. Die Eckpunkte sollten vom Personalrat jedoch vorab gemeinsam benannt werden, damit jedem einzelnen Mitglied klar ist, welche Themen aus Sicht des Gremiums anstehen. Der Redebeitrag des Einzelnen wird jedoch im Auftrag des Gremiums vorgetragen. Im Vorfeld muss deshalb der Inhalt auch in dem Sinne abgestimmt werden, so dass kein Redner „Alleingänge" durchführt, d. h. Themen so anspricht, dass dies nicht der Beschlusslage entspreche. Sind viele Personalratsmitglieder am Vortrag des Gremiums beteiligt hat dies eine besondere Außenwirkung. Die Belegschaft nimmt so den Personalrat auch als Team wahr. Bei der Redevorbereitung ist auch immer zu klären:

Was will ich erreichen?

- Zielsetzung: Was will ich bei den Zuhörern erreichen?
- Was muss ich zu meinem Thema sagen, um mein Ziel zu erreichen?

Zu wem spreche ich?

- Wie steht die Belegschaft zum Thema? Inwiefern gibt es unterschiedliche Auffassungen zum Thema?
- Wie kann ich mein Thema zu ihrem machen?
- Welche Einwände und Widerstände könnte es geben?
- Wie stehen die Hörer zu mir?

Einbezug der Belegschaft

Der Personalrat sollte sich Gedanken über eine interessante und belegschaftsfreundliche Gestaltung der Versammlung machen. Nicht selten haben Personalräte den Eindruck, dass bei den bisherigen Versammlungen zu wenig Rückmeldungen von Arbeitnehmern kam.

Wichtig für den Personalrat ist, dass die Belegschaft die Versammlung als Möglichkeit der Meinungsäußerung zu erkennen lernt und sie nutzt, um ihre Interessen zu formulieren. Erste Schritte können dabei sein:

- verständnisvolle Unterstützung von Redebeiträgen der Arbeitnehmer,
- Unterbinden von hässlichen Lachern bei „missglückten" Redebeiträgen,
- technische Unterstützung durch drahtlose Mikrofone (ermöglicht ein Reden vom Sitzplatz aus). Diskussionsbeiträge gehen nicht selten unter, weil sie nicht von allen Teilnehmern akustisch verstanden werden.

Fragen aus der Belegschaft sammeln

Im Vorfeld der Versammlung kann der Personalrat auch die Beschäftigten zu schriftlichen Fragen anregen. Schriftliche Anfragen können über die Hauspost oder einen „Kummerkasten" beim Personalrat eingereicht werden.

Der Personalrat muss

- diese Fragen dann sichten,
- klären, welches Mitglied die Antworten vorbereitet
- und in der Versammlung vorträgt.

Fragen, die der Personalrat nicht beantworten kann, können auch an die Dienststellenleitung weitergegeben werden.

Nach der Veranstaltung sollte sich das Gremium – zum Beispiel in der nächsten Sitzung – über den Verlauf der Versammlung austauschen:

- Welche Eindrücke haben die Mitglieder von der Versammlung?
- Welche Vorschläge und Fragen der Arbeitnehmer kamen auf?
- Was kann beim nächsten Mal besser gemacht werden?

Die gemeinsame Vorbereitung der Versammlung durch viele Mitglieder wirkt nach innen und außen. Die einzelnen Mitglieder beteiligen sich an der Arbeitsteilung, so dass die Versammlung zu einer gemeinsamen Veranstaltung des Personalrats wird und keine One-Man-Show des Vorsitzenden. Und die Belegschaft nimmt so den Personalrat auch als Team wahr.

5. Praxisbeispiel 4: „Digitalisierung in der Verwaltung"

Neue Technologien verändern nicht nur einzelne Arbeitsplätze und Tätigkeitsprofile, sondern haben oft arbeitsorganisatorische Änderungen zur Folge. Dabei ist von „Big Data" die Rede. Der Begriff steht für sehr große Datenmengen aus unterschiedlichen Quellen, die mit spezieller Software ausgewertet werden. „Big Data" wird aber inzwischen auch als Synonym für neue Hard- und Software verwendet, die es ermöglicht, unterschiedliche Daten in verschiedenen Formaten nach beliebigen Kriterien auszuwerten.

Die steigende Datenmenge infolge von Big Data wird in der Verwaltung zunehmend über Prozessmanagement gesteuert. Denn die Abläufe in den einzelnen Abteilungen können auch als Geschäftsprozess dargestellt werden. Ein Geschäftsprozess ist die Abfolge von Einzeltätigkeiten, die von außen – etwa durch die Anfrage eines Kunden – angestoßen wird und nach einem sich wiederholenden Schema erfolgt. Prozessanalyse bezeichnet die systematische Untersuchung von Prozessen und deren Zerlegung in ihre Einzelteile, um Schwachstellen zu erkennen. Die Einzeltätigkeiten zur Erbringung einer Dienstleistung sind abhängig von der Ablauforganisation der Verwaltung mit verschiedenen fachlichen Bereichen und Hierarchiestufen.

Diese prozessorientierte Analyse beinhaltet eine besondere Herangehensweise: Wurde bisher ein Arbeitsablauf mit Blick auf die einzelnen Aufgaben und die Leistungsfähigkeit einzelner Abteilungen betrachtet, konzentriert sich die Untersuchung analog dem Verlauf des Prozesses auf die Kooperation verschiedener Stellen. Das Vorgehen wird häufig als „Geschäftsprozessmodellierung" bezeichnet. Dabei werden Geschäftsprozesse meist grafisch dargestellt und somit modelliert. Dabei wird analysiert, in welchem Fall

- wer
- wann
- welche Aufgabe auszuführen hat.

Das Verständnis, wie Prozesse ablaufen, wird verbessert, denn oftmals wissen die Arbeitnehmer gar nicht genau, wie die Prozesse durch das gesamte Unternehmen hinweg verlaufen.

Was kann der Personalrat unternehmen?

Bei der Bestandsaufnahme durch die Prozessmodellierung bestehen Beteiligungsrechte, die dem Personalrat Möglichkeiten der Einflussnahme bieten.

Denn diese erfolgt in der Regel durch Erfassung der Daten über Technik. Bei Einführung und Anwendung von technischen Einrichtungen, die dazu dienen können, das Verhalten oder die Leistung der Arbeitnehmer zu überwachen, hat der Personalrat ein Mitwirkungsrecht nach § 80 Abs. 1 Punkt 21 BPersVG (bzw. den gleichlautenden Regelungen in den Landespersonalvertretungsgesetzen).

Werden den Mitarbeitern etwa bei der Selbstaufschreibung Vorgaben gemacht, anhand von Fragebögen Angaben zu machen, können Mitbestimmungsrechte § 89 Abs. 1 Punkt 15 BPersVG (bzw. den gleichlautenden Regelungen in den Landespersonalvertretungsgesetzen). Dies kann auch bei Gesprächen von Projektmitarbeitern mit Mitarbeitern anhand eines Fragebogens der Fall sein.

Warum der Personalrat frühzeitig aktiv werden sollten

Dies zeigen Überlegungen der Unternehmen, die aus der Prozessmodellierung resultieren können.

Bestimmende Fragen sind dabei:

- Wer soll welche Tätigkeit übernehmen?

  Die Folge kann die Verschiebung der Aufgaben von einer Abteilung zur nächsten oder Fremdvergabe von Funktionen sein.

- Welche Aufgabe kann von der Technik übernommen werden?

  So werden Aufgaben häufig automatisiert.

Durch Analyse des Ist-Zustands der Prozesse sollen neue Soll-Prozesse ermittelt werden.

Darauf muss der Personalrat mit einer eigenen Strategie reagieren. Zunächst muss sich die Arbeitnehmervertretung einen Überblick über angedachte Analyse-Schritte verschaffen und dann die Erhebungen je Arbeitsplatz hinterfragen. Dabei sollten auch betroffene Beschäftigte einbezogen werden. Deren Einschätzungen, ob z. B. der Wegfall bestimmter Tätigkeiten oder die Umgestaltung von Prozessen machbar und auch im Sinne des Kundenservices sinnvoll sind, müssen rechtzeitig aufgenommen und so für eine Argumentation gegenüber dem Arbeitgeber aufbereitet werden.

Workflow-Management-Systeme finden sich immer häufiger in den Betrieben. Workflow-Management ist die informationstechnische Steuerung von Arbeitsprozessen, etwa im Verwaltungsbereich. Bei Einführung und Anwendung dieser Systeme besteht ein Mitwirkungsrecht des Personalrats nach § 80 Abs. 1 Punkt 21 BPersVG (bzw. den gleichlautenden Regelungen in den Landespersonalvertretungsgesetzen) zu beteiligen.

Forderungen des Personalrats

Die vom Arbeitgeber formulierten Anforderungen an das System sollte durch ein „soziales Pflichtenheft" ergänzt werden, um die Anforderungen aus Arbeitnehmersicht zu beschreiben:

- Bei der Modellierung der Prozesse sollten Personalräte möglichst auf die Zusammenführung von Aufgaben unterschiedlicher Schwierigkeitsgrade achten.
- Damit ganzheitliche und abwechslungsreiche Tätigkeiten – etwa qualifizierte Sachbearbeitung – entstehen, sollten Elemente von Planung, Ausführung und Kontrolle integriert werden.
- Arbeitsvorgänge sollten so gestaltet sein, dass sie eine Kooperation der Beschäftigten fördern.

- Gruppen, deren Mitglieder gleiche Bearbeitungsrechte haben, können auch selbstständig intern die Arbeitsverteilung regeln. Eingriffe von Vorgesetzten in solche Absprachen sollten nur nach Rücksprache mit der Gruppe erlaubt sein.

Arbeitsorganisatorische Änderungen – etwa neue Formen der Arbeitsorganisation wie Gruppenarbeit oder Änderungen der Arbeitsverfahren und Arbeitsabläufe – wirken sich auch auf die Personalplanung aus. Ziel dieser Veränderungen ist in erster Linie oft Personalabbau.

Zur Arbeitsorganisation kann der Personalrat Vorschläge unterbreiten.

Beispiel E-Government-Konzepte:

Bei Ausarbeitung des Konzepts war Maxime des Personalrats, dass die Arbeitssteuerung soll nicht ausschließlich über Technik erfolgten soll. Von daher wurde folgender Vorschlag im Personalrat erarbeitet und der Dienststellenleitung unterbreitet: Arbeitsvorgänge sind so zu gestalten, dass sie eine Kooperation der Arbeitnehmer fördern. Arbeitsteams, deren Mitglieder gleiche Bearbeitungsrechte haben, können auch selbständig intern die Arbeitsverteilung regeln, ohne Vorgaben die technische Arbeitssteuerung.

Eine wichtige Erkenntnis für die Arbeitnehmervertretung ist die Verknüpfung von Informationsrechten und Planung im Gremium. Unterlagen über geplante Veränderungen sorgen meist für weitere Fragen aus Sicht der Arbeitnehmer. Erst wenn diese Fragen geklärt sind, können Personalräte über das weitere Vorgehen beraten. Daran anschließend, kann dann eine eigene Strategie mit Ideen zu Vereinbarungen entwickelt werden. Wichtig ist dabei: Erst danach ist über Verhandlungen mit dem Arbeitgeber nachzudenken.

6. Schlussfolgerungen – Arbeitsteilung organisieren

Viele Vorsitzende äußern bei Fragen zur Arbeitsteilung Skepsis. „Das klingt ja gut, aber bei uns klappt das nicht!" und „In meinem Gremium geht das so nicht!" Die Vorgehensweise eines Gremiums zu verändern, ist keine leichte Aufgabe. Aber da der Vorsitzende kein Weisungsrecht hat, bleibt ihm nur die Möglichkeit, für Veränderungen zu werben.

Voraussetzung ist jedoch der ernsthafte Wille des Vorsitzenden, Aufgaben abzugeben. Auch muss er akzeptieren, dass es unterschiedliche Arbeitsweisen gibt. Der Vorsitzende sollte nicht auf „selbsterfüllende Prophezeiungen" verweisen, wenn es anfangs nicht so gut klappt. Statt das Argument vorzubringen „Ich wusste, dass es nicht klappt" sind gemeinsam Schlussfolgerungen zu ziehen, wie es beim nächsten Mal besser werden kann.

Je größer das Gremium ist, desto größer ist die Wahrscheinlichkeit, dass sich nicht alle Mitglieder bei der Arbeitsteilung einbringen wollen. Das darf den Vorsitzenden nicht vom Veränderungswillen abbringen. Auch zeigt sich in vielen Gremien, dass ein Anfang der Arbeitsteilung mit nur wenigen Mitgliedern auch Wirkung auf die anderen hat. So können nach und nach immer mehr Mitglieder einbezogen werden.

Einbezug der Belegschaft

1. Die Mitarbeiter einbeziehen 90
2. Regelmäßige Information wichtig 91
3. Betriebliche Aktionen 92
4. Schlussfolgerungen 94

1. Die Mitarbeiter einbeziehen

Einfluss und Anerkennung von Personalräten hängen zum großen Teil von ihrer betrieblichen Öffentlichkeitsarbeit ab. Es reicht nicht, gute Arbeit zu leisten, man muss sie auch gut darstellen. Der Nutzen einer eigenen Informationspolitik wird oft unterschätzt. Durch eine offensiv gestaltete Informationspolitik kann der Personalrat die eigene Position stärken und so die Durchsetzung eigener Forderungen erleichtern.

Die regelmäßige Information der Belegschaft sollte deshalb fester Bestandteil der Arbeit von Personalräten sein. Nur so können Positionen und Vorstellungen der Arbeitnehmervertretung bekannt gemacht werden. In diesem Sinne kann Öffentlichkeitsarbeit auch als Arbeit für eine „Gegenöffentlichkeit" bezeichnet werden. Dabei ist auch die betriebliche Informationskultur zu berücksichtigen. Informiert der Arbeitgeber offensiv und regelmäßig über Planungen – etwa über das Intranet –, kann die Arbeitnehmervertretung leicht in die Defensive geraten, wenn immer erst nach dem Unternehmen oder gar nicht informiert wird. Erhalten Arbeitnehmer jedoch gar keine Informationen durch den Arbeitgeber, muss der Betriebs- oder Personalrat auch über die Herausgabe grundlegender Informationen nachdenken.

Ziele der Öffentlichkeitsarbeit sollten sein:

- **Gegenöffentlichkeit schaffen**

  Mit einer eigenständigen Öffentlichkeitsarbeit der Arbeitnehmervertretung wird ein Informationsmonopol des Arbeitgebers verhindert.

- **Transparenz herstellen**

  Der Personalrat informiert und weist frühzeitig auf betriebliche Entwicklungen und ihre Folgen hin, deckt Missstände auf und macht Lösungsvorschläge.

- **Diskussionen anregen**

  Nur wer über die Entwicklung in der Dienststelle Bescheid weiß, kann mitreden und Position beziehen. Der Vorsitzende sollte die Information der Belegschaft in den Sitzungen regelmäßig zum Thema machen, um für Kontinuität zu sorgen.

2. Regelmäßige Information wichtig

Eine regelmäßige Information erfordert eine gut organisierte Öffentlichkeitsarbeit. Werden organisatorische Voraussetzungen erfüllt, ist auch eine kontinuierliche Information der Belegschaft möglich.

Gelingt es, die Stimmung in der Belegschaft auf den Punkt zu bringen, kann in bestimmten Situationen Druck auf den Arbeitgeber erzeugt werden. Es kann auch „Meinung gemacht" werden, wenn durch die Veröffentlichung auf betriebliche Probleme hingewiesen wird und Lösungen benannt werden. Der Arbeitgeber hat in der Regel in seinen Veröffentlichungen kein Interesse an kritischen Beiträgen.

Über Veröffentlichungen können auch Diskussionen angestoßen werden. Durch gezielte Informationen kann die Belegschaft in die Lage versetzt werden, sich selbst ein Bild zu verschaffen.

So können einzelne Maßnahme eher bewertet werden, wenn die Hintergründe für das Verhalten von Personalrat bzw. Arbeitgeber dargestellt werden. Identifiziert sich die Belegschaft mit den Forderungen der Arbeitnehmervertretung, ist es möglich, sie zu aktivem Handeln zu bewegen.

Der Personalrat kann durch gezielte Informationsweitergabe die eigene Position festigen und damit seine Kompetenz bei der Vertretung der Interessen öffentlich darstellen. Dies kann über Versammlungen erfolgen. Der Personalrat hat die Belegschaft über seine Arbeit zu informieren. In jedem Kalenderhalbjahr ist gemäß § 59 Abs. 1 BPersVG und vergleichbarer Regelung der Landespersonalvertretungsgesetze eine Personalversammlung durchzuführen.

Aber auch außerhalb dieser Termine sollte die Belegschaft auf dem Laufenden gehalten werden. Gespräche mit Arbeitnehmern, Intranetmeldungen oder Flugblätter können hilfreich sein. Entscheidend ist das abgestimmte Vorgehen: In der Sitzung sollte deshalb bei jedem Tagesordnungspunkt auch überlegt werden, ob und in welcher Form die Belegschaft informiert werden soll. Dies klingt auf den ersten Blick bürokratisch, hat jedoch Vorteile:

- Es kann nicht mehr passieren, dass eine Information nur deshalb nicht weitergegeben wird, weil vergessen wurde, dies zu vereinbaren.

- Jedes einzelne Mitglied weiß genau, ob es informieren soll oder darf. So werden nicht nur Unsicherheiten vermieden, vielmehr tritt der Personalrat als Einheit auf.
- Für jede Information kann festgelegt werden, in welcher Form sie weitergegeben werden soll. Da in jeder Sitzung darüber gesprochen wird, entsteht keine langweilige Routine, da immer wieder über die Art und Weise der Information gesprochen wird. Andererseits entsteht ein klarer Rhythmus, wie informiert wird.

Die besprochene Vorgehensweise ist auch in das Protokoll aufzunehmen.

3. Betriebliche Aktionen

Die allgemeine Informationsflut macht es schwierig, wichtige von unwichtigen Informationen zu trennen. Informationen in Presse und vor allem Fernsehen werden immer flacher und seichter. Hintergrundinformationen werden häufig ins Abseits gedrängt, die Arbeitswelt findet in den Medien kaum Beachtung.

Dies erschwert es dem Personalrat, eine offensive Öffentlichkeitsarbeit zu betreiben – es kann aber auch als Chance gesehen werden, die Interessen der Beschäftigten zu artikulieren und so Interesse zu wecken.

Für ihre Position kann die Arbeitnehmervertretung die Belegschaft nur gewinnen, wenn sie ihre Sprache spricht und die Themen deutlich benennt. Auch außergewöhnliches Vorgehen kann erst einmal für Aufsehen sorgen. Informiert der Arbeitgeber häufig per Mail oder Intranet, kann sich der Personalrat über das klassische Flugblatt auch einmal davon abheben. Eine besondere Form der Weitergabe von Informationen ist das „Ausschwärmen“: Alle Gremiumsmitglieder „schwärmen aus“, um die komplette Belegschaft in kürzester Zeit in Einzel- oder Gruppengesprächen zu informieren. Grundlage dafür sind Zuständigkeiten der Mitglieder für einzelne Bereiche oder Abteilungen. Dieses Vorgehen ist eine Möglichkeit, die Belegschaft gleichzeitig und zu einem bestimmten Zeitpunkt zu informieren. Brisante Informationen sollen per „Ausschwärmen“ verbreitet werden, um deren Bedeutung zu betonen.

Betriebliche Aktionen können Forderungen unterstützen und Probleme anschaulich darstellen, wenn sie kreativ gestaltet werden.

Auch bei einer Personalversammlung kann durch besondere Aktivitäten auf ein Thema aufmerksam gemacht werden.

Beispiele:

Betriebliche Aktionen können Forderungen unterstützen und Probleme anschaulich darstellen, wenn sie kreativ gestaltet werden. Auch bei einer Personalversammlung kann durch besondere Aktivitäten auf ein Thema aufmerksam gemacht werden. Betriebsräte haben einige Ideen entwickelt:

Aktion „Ach du dickes Ei": In einer Dienststelle hatte der Personalrat seit Längerem versucht, befristete Verträge in unbefristete umzuwandeln. Die Position wurde bei der Versammlung deutlich, indem aus einem bildlich dargestellten Ei die Forderung „In Unbefristete umwandeln" herausschaute und ein Redebeitrag die Position erläuterte. Beim Einsatz für befristet beschäftigte Arbeitnehmer ist es für den Personalrat wichtig, nicht nur auf die Belange der Betroffenen einzugehen. Allein auf moralischer Ebene zu argumentieren, wird nicht alle Arbeitnehmer erreichen. Bedeutsam ist deshalb eine Argumentation, die durch Verweis auf Personalbedarf auch den Rest der Belegschaft einbezieht.

Stuhlaktion: Aktivitäten zur Vermeidung von Versetzungen können durch eine „Stuhlaktion" unterstützt werden. Bei Beschäftigten, die infolge einer Sparkassen-Fusion von Versetzung an einen anderen Dienstort betroffen sind, werden ein Teil der Stühle mit dem Hinweis „Von der Versetzung betroffen" versehen.

Beurteilungen sind den Mitarbeitern bekannt – bestehende Beurteilungsbögen werden für den Unternehmer abgewandelt, um auf Mängel hinzuweisen und dann als Flugblatt verteilt.

Eine Bodenzeitung ist ein gutes Medium, um auf etwas Aktuelles aufmerksam zu machen, ohne dass es unbedingt wie ein Protest wirken muss. Diese etwas andere Form der Information findet oft sehr viel Zuspruch, weil die Kollegen wirklich fast „darüber stolpern". Liegt sie an einer prominenten Stelle, kann eine Bodenzeitung kaum übersehen werden. Außerdem bietet sie auch die Chance der Interaktion. Der Personalrat kann die Bodenzeitung so anlegen, dass die Beschäftigten dort auch ihre Meinung eintragen können. Klassischerweise gestaltet

7

man die Bodenzeitung als großes Transparent. Dort hat der Personalrat die wichtigste Botschaft, angereichert mit einigen Informationen zum Thema, aufgeschrieben. Auch können in zebrastreifenartige Sprüche ausgelegt werden.

Diese Aktionen können kein Selbstzweck sein, sondern sollten mit weiteren Aktivitäten verbunden werden. Über die weiteren Aktivitäten des Betriebs- oder Personalrats oder die Reaktionen des Arbeitgebers sollte weiterhin informiert werden.

Eine besondere Form der Öffentlichkeitsarbeit sollte zur Aufnahme neuer Mitarbeiter eingesetzt werden: der **Willkommensbrief**. Für neue Belegschaftsmitglieder ist es im ersten Moment manchmal schwierig, alle Informationen über ihren neuen Betrieb zu bekommen. Deswegen kann es ein Willkommensbrief des Personalrats einfacher machen. In diesem Brief stellt sich der Personalrat kurz vor und erläutert seine Aufgabenschwerpunkte.

Außerdem beigefügt wird dem Brief eine Liste von Ansprechpartnern für bestimmte Bereiche, beispielsweise Arbeitszeit, Arbeitsschutz oder Datenschutz bei IT-Technik. Eine solche Liste sollte möglichst vollständig zeigen, bei welchen Problemen und Fragen der neue Kollege vom Personalrat Hilfe erwarten kann – und wo diese zu bekommen ist.

4. Schlussfolgerungen

Willkommensbriefe sind eine gute Gelegenheit, neue Beschäftigte zu begrüßen und über die Personalratsarbeit zu informieren. Sie liefern eine Übersicht über die Arbeit des Personalrats und die entsprechenden Anlaufstellen. Dabei darf es aber nicht bleiben. Die regelmäßige Information der Belegschaft sollte fester Bestandteil der Personalratsarbeit sein. Voraussetzung sind jedoch eine konsequente Planung und klare Absprachen im Gremium. Das Thema muss immer wieder in den Sitzungen besprochen werden.

Verhandlungen führen

1. Vorbereitung der Verhandlungen 96
2. Erst die Information, dann die Verhandlungen 97
3. Die eigene Strategie klären 98
4. Bei Verhandlungen als Team diskutieren 98
5. Die Strategien des Arbeitgebers erkennen 101
6. Mediation – eine Option für Personalräte 102
7. Schlussfolgerungen 104

1. Vorbereitung der Verhandlungen

Gut vorbereitete Verhandlungen mit dem Arbeitgeber sind eine wichtige Voraussetzung für eine erfolgreiche Personalratsarbeit. Die Verhandlungen sollten jedoch nicht allein vom Vorsitzenden, sondern auch im Rahmen der Arbeitsteilung im Gremium organisiert werden.

Der rechtliche Rahmen hat für die Verhandlungsposition des Personalrats eine besondere Bedeutung. Die Beteiligungsrechte sind deshalb im Vorfeld zu prüfen:

- Informationsrechte
- Beratungsrechte
- Mitbestimmungsrechte.

Die Informationsrechte sind die schwächste Form der Beteiligung. Sie sind jedoch für den Personalrat die Voraussetzung, um weitergehende Rechte wahrnehmen zu können. Die Dienststellenleitung ist nach § 66 Abs. 1 BPersVG verpflichtet, den Personalrat zur Durchführung seiner gesetzlichen Aufgaben umfassend und rechtzeitig zu informieren und die erforderlichen Unterlagen zur Verfügung zu stellen (vgl. dazu auch Praxisbeispiel 1 in Kapitel 6).

Das Kernstück des Personalvertretungsrechts sind die Mitbestimmungsrechte des Personalrats. Mitbestimmung stellt die gleichberechtigte Beteiligung des Personalrats an Entscheidungen des Arbeitgebers dar. Sie liegt vor, wenn die Zustimmung zu einer geplanten Maßnahme in der Entscheidung des Personalrats liegt und der Arbeitgeber nicht alleine entscheiden kann. Beispiele für dieses Handlungsfeld sind nach § 79 BPersVG (bzw. die gleichlautenden Vorgaben in den Landespersonalvertretungsgesetzen) die sozialen Angelegenheiten. Dazu zählen die Ordnung des Betriebs, Urlaubsgrundsätze, Gesundheitsschutz oder Arbeitszeitregelungen. Der Personalrat kann – auch über ein Einigungsstellenverfahren – eine Regelung erzwingen.

Der Personalrat hat nach § 80 Abs. 1 Ziffer 20 BPersVG (und vergleichbaren Regelungen der Landespersonalvertretungsgesetze) durch Abschluss von Dienstvereinbarungen mitzubestimmen über die Einführung grundlegend neuer Arbeitsmethoden sowie über Maßnahmen zur Hebung der Arbeitsleistung und Erleichterung des Arbeitsablaufs. Die Mitbestimmungsrechte sind betroffen bei

Einsatz neuer Technik – etwa bei zunehmenden Arbeiten über Intranet oder Internet in der Kommunikation mit Kunden oder Antragsstellern – und können bei Durchsetzung einer Dienstvereinbarung bedeutsam werden.

2. Erst die Information, dann die Verhandlungen

Bevor die Arbeitnehmervertretung mit dem Arbeitgeber verhandeln kann, muss das Gremium einen Überblick über die Planungen haben, um die betriebliche Situation und die Überlegungen des Arbeitgebers einschätzen zu können. Erst dann kann der Personalrat eine eigene Strategie entwickeln. Manche Personalräte steigen zu frühzeitig in die Verhandlungen ein und übersehen dabei die Bedeutung der Informationsphase. Häufige Fehler in dieser Phase können sein:

- Die Arbeitgeberinformationen werden nicht genau überprüft bzw. hinterfragt.
- Zusätzliche Informationen werden zu spät oder gar nicht angefordert.
- Die Interessen und Ziele des Arbeitgebers werden nicht ausreichend hinterfragt.
- Unterlagen zur wirtschaftlichen Situation liegen nicht vor bzw. werden nicht angefordert.
- Voreilige Zusagen werden dem Arbeitgeber gegenüber gemacht, die nach ausführlicher Information nicht mehr revidiert werden können.
- Möglichkeiten, gestaltenden Einfluss auf die Planungen des Arbeitgebers auszuüben, werden nicht ernsthaft in Betracht gezogen: Welche Ziele hat die Arbeitnehmervertretung? Wie kann ein eigenes Verhandlungskonzept aussehen?
- Handlungsmöglichkeiten durch Einbezug der Arbeitnehmer werden nicht beachtet.
- Die Gremiumsarbeit ist schlecht organisiert: Termine für Sitzungen werden nicht rechtzeitig abgestimmt, keine Verantwortlichen benannt bzw. keine Arbeitsgruppen im Gremium gebildet.

Der Arbeitgeber hat mit dem Personalrat bereits im Planungsstadium die vorgesehenen Maßnahmen und ihre Auswirkungen auf die Arbeitnehmer, insbesondere auf die Art ihrer Arbeit und die sich daraus ergebenden Anforderungen an die Beschäftigten, zu beraten.

3. Die eigene Strategie klären

Die Verhandlungsstrategie sollte in den Sitzungen ausführlich besprochen werden. Zunächst muss der Personalrat für sich entscheiden, welche Punkte in der kommenden Verhandlung zu beraten sind. Wichtig sind dabei

- die Festlegung eines Zeitplanes,
- mögliche fehlende Informationen, die der Arbeitgeber vorzulegen hat, und
- die Erarbeitung der Vorschläge der Arbeitnehmervertretung.

In Gesprächen oder Verhandlungen mit der Geschäftsleitung ist es vor allem wichtig, dass die Arbeitnehmervertretung mit einer klaren Strategie auftritt. Dies setzt Beratungen in den Sitzungen zu diesen Themen voraus, damit die Vertreter des Gremiums diese Strategie auch vertreten können.

Die Drei-Schritte-Strategie hat sich bei vielen Personalräten bewährt, wenn im Gremium über das weitere Vorgehen diskutiert wird. Denn zunächst sollte sich der Personalrat über die aktuelle Situation klar werden, dann seine Ziele formulieren und erst danach rechtliche und betriebliche Handlungsmöglichkeiten analysieren.

Folgende Fragen können als Leitlinien dienen:

- Wie ist die Situation?
- Was ist unser Ziel?
- Wie können die Forderungen durchgesetzt werden?

4. Bei Verhandlungen als Team diskutieren

Als Team sollte der Personalrat immer dann diskutieren, wenn Außenstehende anwesend sind. Dies gilt vor allem bei Verhandlungen mit der Dienststellenleitung. Eine Arbeitnehmervertretung, der nach außen nicht geschlossen auftritt, kann nur verlieren. Um bei Diskussion einheitlich auftreten zu können, sollten gerade zu Anfang Wortbeiträge untereinander aufteilt werden, so dass möglichst früh viele in der Runde zu Wort kommen. Die Mitglieder sollten die Beiträge der anderen Mitglieder aufgreifen. Verstärkung und Wiederholung sind wesentliche Mittel der Beeinflussung in Diskussionen. Argumentativ sollte an die Beiträge der Mitglieder angeknüpft werden. So entsteht eine Kontinuität, ein roter Faden, der die Strategie des Personalrats verdeutlicht. Bei Unklarheit über die Verhandlungsposition des Personalrats ist eine Auszeit sinnvoll. Dies kann der Fall sein, wenn der Arbeitgeber seine Verhandlungsposition ändert oder neue Vorschläge macht.

Es empfiehlt sich, dass das Gremium eine Rollenverteilung vornimmt. Ein Mitglied kann die Forderungen vortragen, ein anderes bringt weitere Argumente vor oder behält die rechtlichen Möglichkeiten im Auge.

Auch sollte der Personalrat Maximalforderungen, die realistisch sind, also keine Scheinforderungen, die nicht ernst genommen werden, und Minimalforderungen beschließen. Der Verhandlungsspielraum, d. h. der Unterschied zwischen Minimal- und Maximalforderungen, sollte jedoch klein gehalten werden. Der Arbeitgeber sollte zur klaren Positionierung aufgefordert werden.

Die Verhandlungsstrategie ist vom Gremium vorab gemeinsam festzulegen, damit dem einzelnen Mitglied klar ist, welche Themen aus Sicht des Gremiums anstehen. Die Verhandlungsstrategie des Gremiums muss allen Mitgliedern klar sein.

Diskussionsbeiträge der einzelnen Mitglieder während der Verhandlung werden im Auftrag des Gremiums vorgetragen. Keiner sollte Themen ansprechen, die nicht der Beschlusslage entsprechen. So nimmt der Arbeitgeber die Arbeitnehmervertretung auch als Team wahr.

Checkliste: Verhandlungsstrategie des Personalrats

Vorbereitung der Verhandlungen

- Wer führt die Verhandlungen des Personalrats?
- Vorschläge des Gremiums zur Verhandlungsgrundlage machen
- Maßnahmen überlegen, die das Verhandlungsgewicht des Personalrats erhöhen (z. B. Personalversammlung, rechtliche Schritte)

Verantwortlichkeiten klären

- möglichst immer in gleicher Besetzung verhandeln
- an Absprachen des Gremiums zur Rollenverteilung halten
- Festlegung eines Zeitplans für Termine

Durchführung der Verhandlungen

Verhandlungstaktik

- klarstellen, welche Verhandlungsgegenstände zu verhandeln sind
- Maximalforderungen des Personalrats selbstbewusst und wie abgesprochen vortragen
- ggf. Verhandlungsdruck entwickeln: Hinweis, dass im Falle der Ablehnung der Forderungen der Arbeitnehmervertretung die Belegschaft informiert wird!
- rechtliche Möglichkeiten verdeutlichen!
- Verhandlungstaktiken der Arbeitgeberseite erkennen und sich davon nicht aus dem Konzept bringen lassen

Protokollierung

Von jeder Verhandlungsrunde Ergebnisprotokolle erstellen:

- Welche Punkte sind noch offen?

  Welche unstrittig?

  Wie könnte ein Kompromiss aussehen?
- Zusagen des Arbeitgebers protokollieren
- Zusagen des Gremiums nur im Rahmen der Beschlüsse geben

Nachbereitung im Gremium

Bewertung des Verhandlungsverlaufs:

- Was ist gut gelaufen?
- Was ist schlecht gelaufen?
- Was muss beim nächsten Mal geändert werden?

Bewertung des Ergebnisses:

- Wie ist der erreichte Verhandlungsstand zu bewerten? Vergleich mit Minimal- und Maximalforderungen?
- Ist das Verhandlungsergebnis ein tragbarer Kompromiss?
- Ist eine weitere Verhandlungsrunde sinnvoll?

5. Die Strategien des Arbeitgebers erkennen

Teilweise wird bei größeren Neustrukturierungsmaßnahmen versucht, den Personalrat zu umgehen, einzubinden oder unter Zeitdruck zu setzen.

Beispiele:

Mit der **Behauptung, die geplanten Maßnahmen unterlägen nicht der Mitbestimmung** des Personalrats, wird versucht, die Beteiligung zu verhindern. Da die Informationsrechte des Personalrats bei Planungen, die die Belegschaft betreffen, sehr weitgehend sind, kann die Dienststellenleitung die Einflussnahme des Personalrats jedoch nicht verhindern.

Sollte die Dienststellenleitung – trotz Aufforderung durch den Personalrat – die Information verweigern, ist entschlossenes Handeln der Interessenvertretung gefordert (vgl. dazu auch Praxisbeispiel 1 in Kapitel 6).

Ein weiterer strategischer Ansatz des Arbeitgebers wird als **Einbindungsstrategie** bezeichnet und zielt meist auf Personalratsvorsitzende oder einflussreiche Personalratsmitglieder ab. Dabei werden einzelne Mitglieder über Planungen informiert, vom Dienststellenleiter jedoch aufgefordert, dieses Wissen vertraulich zu behandeln.

Die Folge ist deshalb oft ein Misstrauen eines Teils des Personalrats gegenüber einzelnen Mitgliedern. Oft werden dann nicht mehr entschieden Gegenstrategien entwickelt, sondern interne Diskussionen über das Vertrauen der Mitglieder untereinander geführt. Eine Geheimhaltungspflicht anderen Personalratsmitgliedern gegenüber sieht der Gesetzgeber nicht vor. Was ein Mitglied an Informationen erhält, muss auch an das gesamte Gremium weitergegeben werden.

Eine weitere Strategie ist es, **Zeitdruck** zu erzeugen. Teilweise sind die Terminvorgaben knapp oder werden Besprechungstermine kurzfristig angesetzt. Der Personalrat soll damit unter Zeitdruck gesetzt werden. Typisches Ziel solcher Aktionen ist es, dem Personalrat Zeit für eine strategische Planung zu nehmen. Die Interessenvertretung soll davon abgehalten werden, intern eine Bestandsaufnahme anhand vorliegender Unterlagen vornehmen und Schritte für ein taktisches Vorgehen planen zu können.

6. Mediation – eine Option für Personalräte

Oftmals können Konflikte bei festgefahrenen Verhandlungen nur unter Vermittlung eines unabhängigen Dritten gelöst werden. Häufig fällt dabei auch der Begriff „Mediation". Der aus dem Englischen stammende Begriff für Vermittlung beschreibt ein Verfahren der Konfliktlösung, bei der ein neutraler Vermittler tätig wird.

Der Mediator versteht sich als allparteilich und hilft den Konfliktparteien, selbstständig eigenverantwortliche Lösungen für ihre Probleme zu finden.

Bei der Mediation soll es nicht um den Kampf der Argumente gehen, sondern es geht um den Entwurf neuartiger Lösungen. Es werden dabei

- Positionen und
- Interessen

unterschieden.

Eine Position ist eine fest gefügte Vorstellung, wie ein Problem gelöst werden kann. Unterschiedliche Positionen sind deshalb schwer miteinander vereinbar. Stehen aber Interessen im Vordergrund, können die unterschiedlichen Einschätzungen auf verschiedenen Wegen vereinbar werden.

In der Literatur wird gerne das Orangenbeispiel genannt: Zwei Schwestern streiten sich um eine Orange. Wie soll die Mutter entscheiden? Als Kompromiss entscheidet die Mutter, beiden je eine Hälfte zu geben. Nach dem Mediationsansatz wären zunächst die Interessen analysiert worden – nicht die Position „Ich möchte eine Orange". Dann hätte sich nämlich bei diesem Beispiel gezeigt, dass eine Tochter das Fruchtfleisch essen und die andere die Schale zum Kuchenbacken nutzen möchte.

Bedeutung einer Mediation für den Personalrat

So einfach sind die Beispiele in der Arbeit eines Personalrats leider selten. Aber auch bei Verhandlungen ist zu klären, ob es um Positionen oder Interessen geht.

Beispiel:

In einem kommunalen Betrieb soll die Buchhaltung aufgelöst werden. Betroffen sind 25 Mitarbeiter, die Aufgaben sollen an eine andere Firma vergeben werden. Der Arbeitgeber kündigt im ersten Schritt Entlassung an. Die Maximalforderung aus Sicht des Personalrats ist klar formuliert: Es soll zu keinen Entlassungen kommen.

Die grundsätzliche Frage ist aber: Gibt es eine Alternative, die Vorgabe „Entlassung ja oder nein" zu umgehen?

Bei diesem Beispiel sind mögliche Alternativen:

- Können die Arbeitnehmer durch Schulungen für andere Stellen im Betrieb qualifiziert werden?
- Gibt es Möglichkeiten zu Versetzungen in andere Dienststellen?
- Sind andere Einsparungen möglich?
- Statt Reduzierung der Personalkosten entwickelt der Personalrat Vorschläge, um Sachkosten zu senken.

Diese Vorgehensweise zeigt, wie im Sinne einer Mediation vorzugehen ist. Durch die davor verwendete Argumentationsmethode sollen Positionen verstärkt werden. Dies führt in der Praxis meist dazu, dass

- Fronten aufgebaut oder verhärtet werden,
- sich keine neuen Ideen entwickeln können, die sich von denen im Streit unterscheiden, und
- Kraft und Energie verwendet werden, um die Ansätze der anderen Seite zu schwächen, statt Ideen weiterzuentwickeln.

Der andere Weg bedeutet, neuartige Lösungen auch für komplexe Probleme zu suchen. Während Betriebsräte und Arbeitgeber beim klassischen Verhandlungsstil auf das blicken, was ist, soll das Entwerfen von Lösungen den Blick nach vorne ermöglichen.

Mediator unterstützt von außen

Es ist nicht immer einfach, vorhandene Verhandlungsstrukturen und den Stil des Umgangs zwischen Dienststellenleitung und Personalrat zu verändern. Es kann deshalb sinnvoll sein, in verfahrenen

Situationen einen Mediator hinzuzuziehen. Dessen erste Aufgabe ist es häufig,

- eine konstruktive Kommunikation zwischen den Streitparteien wieder herzustellen und
- so die Grundlage für eine konstruktive Konfliktlösung zu schaffen.

Der Mediator muss „allparteilich" sein, indem er für die Sichtweisen aller Konfliktparteien dasselbe Verständnis hat. Er ist nicht überparteilich, sondern allparteilich, das heißt, er steht quasi aufseiten aller.

Wichtige Merkmale einer Mediation sind:

- Die Mediation erfolgt freiwillig.
- Die Entscheidungsbefugnis liegt nicht bei einem Dritten, sondern die Konfliktparteien werden als Experten in eigener Sache gesehen.
- Nicht die Vergangenheit oder Schuldfragen stehen im Mittelpunkt, sondern die Zukunft der Konfliktparteien und die Lösung der benannten Probleme.

Der Mediator hat dabei die Rolle des unabhängigen Dritten. Die Anwesenheit eines Außenstehenden schafft in der Regel die Ausgangssituation, dass die Verhandlungsparteien zunächst sehr zurückhaltend sind. Dem Mediator gegenüber werden aber – etwa im Einzelgespräch – eher Vorschläge gemacht, die nicht offen ausgesprochen werden. Der Mediator dient deshalb häufig als „Ersatzbrücke der Kommunikation", d. h. über diesen Umweg wird die oft eingestellte Kommunikation zwischen den Parteien wieder hergestellt.

7. Schlussfolgerungen

Nur wenn der Personalrat seine inhaltliche Ausrichtung geklärt hat, kann eine entschlossene Verhandlungsstrategie entwickelt werden. Bei Beratungen darüber in den Sitzungen ist der Vorsitzende besonders gefordert, auch um ein gemeinsames Vorgehen beschließen zu können.

Beratungsgespräche mit Beschäftigten

1. Umgang mit Beschwerden ... 106
2. Probleme in Beratungsgesprächen ... 106
3. Aktives Zuhören ... 107
4. Der Vorsitzende als Schlichter ... 111
5. Schlussfolgerungen ... 111

9

1. Umgang mit Beschwerden

Häufig kommen Beschäftigte zum Personalrat, die mit Problemen auf der Suche nach Rat sind. In Personalversammlungen scheuen sich viele, darüber zu sprechen. Oft werden diese Beratungsgespräche erst gesucht, wenn das Problem bereits eine längere Vorgeschichte hat. Von der Art des Gesprächs hängt es ab, ob der Arbeitnehmer dem Vorsitzenden weiter vertraut. Anfangsvertrauen ist zunächst vorhanden, andernfalls würde sich der Arbeitnehmer nicht an die Arbeitnehmervertretung wenden.

Dabei ist zu beachten:

- Beratungsursache ist fast immer ein Problem, das von einer Person allein nicht gelöst werden kann.
- Ziel der Beratung sollte die gemeinsame Problemlösung sein. Eine Möglichkeit kann dabei sein, den Kollegen durch neue Informationen oder durch gemeinsames Entwickeln des weiteren Vorgehens in die Lage zu versetzen, teilweise in Selbsthilfe das Problem zu lösen.
- Wichtig ist dabei für den Vorsitzenden: nicht für den Mitarbeiter, sondern abgestimmt mit dem Betroffenen zu handeln. Es können nur gemeinsam Wege erarbeitet werden, denn in der betrieblichen Praxis muss der Betroffene die Situation bewältigen.

Das Vorgehen bei Gesprächen mit einem ratsuchenden Kollegen lässt sich in drei Abschnitte gliedern:

Problemerfassung: Worum geht es? Wer ist beteiligt?

Ziel: Was soll erreicht bzw. verändert werden? Was ist am wichtigsten?

Lösungen suchen: Welche Wege sind möglich?

2. Probleme in Beratungsgesprächen

Einen typischen Ablaufplan für Gespräche zwischen Vorsitzendem und Mitarbeiter kann es nicht geben. Dafür sind die Themen zu unterschiedlich. Manche Mitarbeiter möchten nur eine Information, andere einen Rat aus Sicht des Personalrats. Andere wollen gemeinsam nach Lösungswegen suchen.

Arbeitnehmervertreter stellen jedoch in vielen Beratungsgesprächen fest, dass sich im Verlauf des Gesprächs Hindernisse ergeben können.

Oft kommt der Beschäftigte nicht zum Kern des Problems. In einem Beratungsgespräch wird viel durcheinander erzählt, auch häufig unterbrochen und das Ziel des Gespräches bleibt unklar. Der Vorsitzende muss geduldig sein, den Arbeitnehmer ausreden lassen und kurze Fragen stellen. Zunächst sollte keine Bewertung durch den Personalrat erfolgen, da erst der Kern des Problems erfasst werden muss.

3. Aktives Zuhören

Die Art der Gesprächsführung ist wichtig, um die Belange des anderen zu verstehen. Ein wichtiges Instrument ist – auch in der Personalratsarbeit – das aktive Zuhören. Es ist der Versuch, sich in den Gesprächspartner einzufühlen, um wiederzugeben, was nicht nur sachlich, sondern auch emotional gemeint ist. Aktiv ist das Zuhören, da im Gespräch auch nachgefragt wird, wie Äußerungen zu verstehen sind. Zunächst jedoch ohne Wertung, vielmehr ist die Grundhaltung ein „einfühlendes Verstehenwollen".

Da diese Beratungsgespräche auch sehr emotionale Themen – etwa das Verhältnis des Mitarbeiters zur Führungskraft – umfassen können, geht es zunächst um die Wahrnehmung des anderen. Aktives Zuhören ist der Versuch, den Standpunkt des anderen verstehen zu wollen und trotzdem eine eigene Position zu behalten. Im Idealfall gelingt es, mit eigenen Worten wiederzugeben, was vom anderen verstanden wird.

Das aktive Zuhören umfasst drei Stufen:

1. Beziehungsebene

9

- Das Signal an den Gesprächspartner lautet zunächst: Ich habe ein Interesse an der Situation, ich höre zu.
- Wichtig beim aktiven Zuhören ist auch, Aufmerksamkeit zu signalisieren („ja", „hm"). Dieser verständnisvolle Umgang sollte jedoch keine oberflächlichen Ermutigungen, etwa dass das Problem auf alle Fälle lösbar sei, umfassen. Denn zunächst geht es nur darum, das Anliegen zu verstehen.

- Dabei sollten Störquellen ausgeschlossen werden, etwa keine Telefonanrufe stören oder kein Zeitdruck durch knappe Terminplanung entstehen.

2. Inhaltliches Verständnis

- Die Kernaussagen des anderen sollten zusammengefasst werden, da so das inhaltliche Verständnis geprüft wird.
- Bei Vielrednern gelingt dies häufig nur durch Unterbrechungen („Darf ich Sie kurz unterbrechen, um noch einmal zusammenzufassen...").

3. Gefühle verbalisieren

- Zum aktiven Zuhören gehört auch, Gefühle des anderen in Worte zu fassen. Vor allem bei wichtigen Aussagen kann dies die Bedeutung noch einmal verdeutlichen („...und Sie sind darüber ziemlich ärgerlich").
- Der Gesprächspartner muss so seine Zielrichtung präzisieren.
- Wichtig ist auch in diesem Zusammenhang das Ziel, den subjektiven Standpunkt zu verstehen.

Das aktive Zuhören ist nicht ohne Probleme. Denn oft fällt es dem Vorsitzenden schwer, sich zurückzuhalten und die Hintergründe erst einmal ausloten. Ein vorsichtigeres Vorgehen ermöglicht jedoch auch, Kompliziertes oder Persönliches besser zu verstehen. Der Gesprächspartner hat so auch die Möglichkeit der Selbstklärung, kann „in sich hineinhorchen" und dann eher eigene Lösungswege finden.

Fällt dem Vorsitzenden im ersten Moment keine Lösung ein, muss er dies auch sagen. Dem Betroffenen sollte deutlich werden, welche Erwartungen erfüllt werden können und welche nicht.

Im Gespräch sollte der Vorsitzende sich an folgende Grundsätze halten:

- die Situation des Betroffenen verstehen wollen,
- die Sichtweise des Betroffenen ernst nehmen und
- keine oberflächlichen Ermutigungen („Das schaffen Sie schon!"), aber eine realistische Zuversicht vermitteln.

Nicht selten benennt der Arbeitnehmervertreter schnell Lösungsmöglichkeiten, die möglicherweise aus Sicht des Arbeitnehmers schwer umzusetzen sind. Der Vorsitzende sollte jedoch nicht für den betroffenen Arbeitnehmer handeln wollen. Ein Lösungsweg muss gemeinsam mit dem Arbeitnehmer gefunden werden, der Betriebs- oder Personalrat muss sich an dessen Kenntnisstand und der Bereitschaft, an einer Lösung mitzuwirken oder Konflikte zu suchen, orientieren.

Checkliste: Beratungsgespräch im Überblick

Gesprächsvorbereitung

- kurze eigene Einstimmung auf das Gespräch

Angenehme Gesprächsatmosphäre

- Störquellen ausschalten (z. B. keine Telefonate während des Gespräches zulassen)
- großzügige Zeitplanung, bei Planung von weiteren Terminen an diesem Tag entsprechenden zeitlichen Spielraum einkalkulieren

Begrüßung

- kurze Einleitung zur Gesprächseröffnung
- Zeitraum des Gesprächs gemeinsam festlegen
- nachfragen, ob interne Notizen gemacht werden dürfen
- Zielsetzung des Gesprächs aus Sicht des Betroffenen klären

Problemschilderung

- zuhören, zunächst keine Wertung abgeben
- den Betroffenen aussprechen lassen

Nachfragen

- keine oberflächlichen Ermutigungen („Das schaffen Sie schon!")
- Zusammenfassungen formulieren

Suche nach Lösungen

- keine Lösungen aufdrängen
- nach dem Ziel fragen („Was möchten Sie erreichen?")
- Lösungsvorstellungen erfragen; gemeinsame Suche nach Lösungen

  Das Finden einer Lösung ist häufig nicht bereits im ersten Gespräch möglich! GGf. einen weiteren Termin vereinbaren.

- sofern der Betroffene zunächst nichts unternehmen will, ein späteres Gespräch anbieten

Schritt-für-Schritt-Strategie – Gemeinsam festlegen, wie weiter vorgegangen werden soll:

- Arbeitsteilung besprechen (z. B. Betroffener spricht mit Vorgesetzten)

  Wichtig ist es, den ratsuchenden Arbeitnehmer einzelne Aufgaben erledigen lassen.
- Wenn die Ziele des Betroffenen aus Sicht des Vorsitzenden unrealistisch sind, sollte er diese nicht sofort offen ablehnen, sondern durch eine Gegenüberstellung auf Vor- und Nachteile hinweisen.
- Geduld: Sofortige Erfolge sind nicht immer realistisch, auch der Vorsitzende kann nicht auf alles sofort eine Antwort haben.

Gesprächsnachbereitung

- Gespräch intern nachbereiten (z. B. Notizen überarbeiten und sortieren)
- Zusagen einhalten

Verbindlicher Umgang

- weitere Termine vereinbaren
- gegenseitiger Informationsaustausch zwischen Personalrat und Betroffenem über den aktuellen Stand (z. B. hat sich bereits etwas verändert?)

4. Der Vorsitzende als Schlichter

Abhängig von der Art des Problems kann der Vorsitzende auch als Schlichter aktiv werden. Dies kann bei einem Streit zwischen Mitarbeitern der Fall sein. Der Vorsitzende muss neutral sein, um von beiden Seiten als Vermittler akzeptiert zu werden. Diese nicht einfache Aufgabe sollte nur wahrgenommen werden, wenn der Vorsitzende ernsthafte Möglichkeiten zur Konfliktlösung sieht.

In einer Art „Pendeldiplomatie" sollte der Vorsitzende in getrennten Gesprächen mit den Konfliktbeteiligten sprechen. Auch wenn es sich um mehr als zwei Beteiligte handelt, sollten die Gespräche zunächst einzeln geführt werden. Diese Gespräche sind heikel, da jede Seite ihre Position betonen wird und möglicherweise in eine Rechtfertigungshaltung verfällt. Ein gemeinsamer Termin aller Beteiligten kann meist erst stattfinden, wenn die Beteiligten in Gesprächen Bereitschaft zur Konfliktlösung erkennen lassen. Ein Vermittler muss in der Lage sein, seine persönliche Meinung zurückstellen und alle Beteiligten gleich wichtig zu nehmen. Nur wenn er keine Meinung inhaltlich bewertet, wird er auch von allen akzeptiert.

Wichtig ist der sachliche Umgang. Kein Konfliktbeteiligter sollte als Feind gesehen werden. Ist der Vorgesetzte ein Konfliktbeteiligter muss auch auf mögliche Konsequenzen bei Nichteinigung verwiesen werden, damit der sachliche Umgang des Personalrats mit dem Thema nicht als Schwäche ausgelegt wird. Die Führungskraft hat auch eine Fürsorgepflicht dem Mitarbeiter gegenüber und sollte daran erinnert werden.

Die Darstellung des Vorsitzenden muss Beispiele aus der Praxis beinhalten, um zu zeigen, dass sich der Personalrat intensiv mit dem Thema beschäftigt. So kann das Thema möglichst sachlich angegangen werden. Vorwürfe sind zu vermeiden. Stattdessen empfiehlt es sich, Forderungen für die Zukunft zu stellen.

5. Schlussfolgerungen

Bei einem Beratungsgespräch sollte sich der Vorsitzende zunächst Zeit zum Zuhören nehmen. Erst wenn der Beschäftigte seine Situation eingehend geschildert hat, kann gemeinsam nach einer Lösung gesucht werden. Als Arbeitnehmervertreter sollte in diesen Gesprächen keine Vorgehensweise aufdrängt werden, vielmehr sollte es eine Art „Arbeitsbündnis" mit dem Betroffenen geben.

Konfliktmanagement als Aufgabe des Vorsitzenden

1. Konflikte im Alltag 114
2. Hauptursachen eines Konflikts 115
3. Verhalten in Konfliktsituationen 116
4. Konfliktarten 119
5. Umgang mit schwierigen Kollegen im Personalrat 121
6. Konflikte von Personalratsmitgliedern mit Vorgesetzten 122
7. Moderation 123
8. Schlussfolgerungen aus Sicht des Vorsitzenden 126

1. Konflikte im Alltag

Wenn Menschen zusammenarbeiten, treffen unterschiedliche Interessen und Meinungen aufeinander. Konflikte, Diskussionen oder Streit innerhalb der Arbeitsumgebung sind daher vorprogrammiert.

Der Begriff Konflikt stammt aus dem Lateinischen, „confligere" steht für „zusammenstoßen". Der Konfliktforscher Friedrich Glasl definiert einen Konflikt als

- eine Interaktion
- bei der es Unvereinbarkeiten gibt,
- die als Beeinträchtigung erlebt werden.

Ein Beispiel verdeutlicht die Hintergründe:

Beispiel:

Eine Kollegin und ein Kollege arbeiten in einem Team. Der Kollege arbeitet bis zum späten Nachmittag, teilweise bis in den Abend, und leistet oft Überstunden. Die Kollegin fängt früh an zu arbeiten und geht spätestens um 15 Uhr nach Hause. Die unterschiedlichen Arbeitszeiten stellen kein Konfliktpotenzial dar. Es handelt sich um unterschiedliche Bedürfnisse, aber auch um Abhängigkeiten, wenn der Kollege spätnachmittags Kundentelefonate, für die eigentlich die Kollegin zuständig ist, entgegennimmt.

Die Situation kann sich aber ändern, wenn der Kollege auch früher gehen möchte, das aber aus organisatorischen Gründen nur geht, wenn die Kollegin länger bleibt. Sie lehnt dies aber ab mit der Begründung „Das geht aber nicht, wegen der Kinder!"

Es entsteht nur ein Konflikt, wenn der Kollege dies nicht akzeptiert.

Unterschiedliche Interessen müssen also nicht zwangsläufig zum Konflikt führen. Sie stellen zunächst nur ein Problem dar und können zum Konflikt führen, wenn

- bei gleichen Zielen unterschiedliche Wege gegangen werden oder
- es bei unterschiedlichen Zielen zu keiner Verständigung über gemeinsame Ziele und Wege kommt.

2. Hauptursachen eines Konflikts

Abhängig vom Konfliktgegenstand, werden Konflikte unterschiedlich benannt:

- Bei einem „Verteilungskonflikt" wird über einen Gegenstand und die Aufteilung gestritten, etwa die Höhe des Leistungsentgelts im Betrieb,
- bei unterschiedlicher Bewertung wird von einem „Bewertungskonflikt" gesprochen, und
- bei unterschiedlichen Einschätzungen über die zukünftige Vorgehensweise von einem „Zielkonflikt".

Bei diesen Konfliktarten haben die betroffenen Parteien ein Interesse am Ende des Konflikts. Im Zentrum geht es um die Sache. Diese Konflikte werden unter dem Sammelbegriff „Interessenkonflikt" zusammengefasst. Die Handlungsmuster dieser sachlichen Auseinandersetzung sind „Argumentieren" oder „Widerlegen". Bei Interessenkonflikten ist es oftmals möglich, Spannungen konstruktiv zu überwinden.

Allerdings verhalten sich nicht alle Menschen in Konflikten sachlich. Je enger der Konfliktgegenstand mit den Personen verknüpft ist, desto schwieriger fällt es, sachlich zu bleiben. Je weiter die Realisierung der eigenen Ziele im Verlaufe der Auseinandersetzung in die Ferne rückt, desto stärker werden die anderen Konfliktbeteiligten als Bedrohung wahrgenommen. Das Verhalten ist dann nicht mehr am Konfliktgegenstand orientiert, sondern richtet sich gegen die anderen Konfliktparteien. Typische Verhaltensmuster sind persönliche verbale Angriffe oder Drohungen. Der Interessenkonflikt kann sich so schnell zum Beziehungskonflikt wandeln. Häufig wird die Machtfrage, wer diesen Konflikt gewinnt, bedeutsamer als die Sachfrage. Eine Vermischung von Interessen- und Beziehungskonflikt kann erfolgen, wenn

- ein Sachkonflikt auf die Beziehungsebene verlagert wird

  Beispielsweise sieht eine Person in der Auseinandersetzung ihre Ziele gefährdet, argumentiert nicht mehr sachlich und kritisiert stattdessen den Gesprächspartner auf persönlicher Ebene.

- ein Beziehungskonflikt auf die Sachebene verlagert wird

  Beispielsweise ist eine Person gefühlsmäßig mit dem Verhalten einer anderen Person nicht einverstanden. Es wird kein Klärungsgespräch geführt und es werden dann bei einem Interessenkonflikt Zugeständnisse verweigert.

Konfliktlösungen sind am ehesten zu erreichen, wenn die Konfliktparteien eine Trennung von Interessen- und Beziehungskonflikt herbeiführen und für jeden der Konflikte eine Lösung suchen.

3. Verhalten in Konfliktsituationen

Das Verhalten wird in Konfliktsituationen von mehreren Faktoren geprägt:

- den Zielen,
- den Gefühlen und
- der Wahrnehmung.

Ein hochgestecktes sachliches Ziel kann zu Versagensängsten führen, weil die Umsetzung unwahrscheinlich ist. Das Gefühl, von anderen unfair behandelt zu werden, kann dazu führen, ein Angebot auf der sachlichen Ebene gar nicht wahrzunehmen. Die Einflussnahme der Faktoren erfolgt oft unbewusst. Im Arbeitsleben gibt es immer wieder Kollegen, die einen reizen, die an der Arbeit rumnörgeln. Dies ist in der Personalratsarbeit nicht anders. Beim Umgang mit diesen Kollegen ist es wichtig, deren Verhalten und Motive zu verstehen, um ein effektives Vorgehen entwickeln zu können.

Allerdings setzt ein konstruktiver Umgang mit diesen Kollegen die Akzeptanz der Andersartigkeit voraus. Folgende Grundsätze können hilfreich sein:

Versuchen Sie nicht, andere umerziehen zu wollen. Nutzen Sie lieber Ihre Kraft, um Akzeptanz bei anderen zu erzeugen!

Die Frage, wie ich mit einem schwierigen Menschen erfolgreich umgehen kann, ist das Entscheidende – nicht die Möglichkeit, einen anderen zu verändern.

Ziel sollte es sein, über eine Vielzahl kommunikativer Möglichkeiten zu verfügen, um den unterschiedlichen Anforderungen gerecht zu werden. Auch ist wichtig, die eigenen Wahrnehmungsmuster zu überprüfen.

Treffen zwei Konfliktparteien aufeinander, deren Verhalten stark von diesen Faktoren geprägt ist, kann der Konflikt leicht eskalieren. Der Interessenkonflikt wandelt sich dann zu einem Beziehungskonflikt mit starken Gefühlsanteilen und es besteht die Gefahr der weiteren Eskalation.

Checkliste: Kurzübersicht zur Konfliktanalyse

1. Beteiligte

- Wer ist direkt beteiligt? Wer ist sonst noch davon betroffen?
- Welche Personen, die direkt oder indirekt betroffen sind profitieren davon? („Stellvertreterkriege", „Abteilungsleiterkämpfe"...)

2. Anfang

- Gibt es eine Vorgeschichte? (vorherige Konflikte oder Unstimmigkeiten?)
- Gab es erste Anzeichen (z. B. eigenes Unwohlsein, jemanden meiden)?
- Wann und wo fing es richtig an?

3. Verlauf

- Wie ging es weiter? Womit hing das zusammen?
- Gab es eine Eskalation?
- Offene und verdeckte Phasen? Vorübergehende Beruhigung oder Verständigung? Verschärfung?

4. Auswirkungen des Konflikts

- Welche Auswirkungen hatte der Konflikt bisher?
- Was sind die Auswirkungen auf mich, auf die anderen Beteiligten, auf Unbeteiligte?
- Gab es negative Auswirkungen? Oder auch positive Auswirkungen? Was wäre, wenn es den Konflikt nicht gäbe?
- Was wäre anders, was wäre besser?

5. Bedürfnisse

- Worum geht es im Grunde für die Konfliktparteien?
- Worum geht es beim ersten Hinsehen? Welche Bedürfnisse und Interessen der Einzelnen sind erkennbar?

6. Lösungsversuche

- Welche Lösungen sind möglich?
- Welche Lösungen wurden bereits versucht?

- Den Konflikt einfach vergessen? Jemanden schmoren lassen? Verbündete suchen? Klärendes Gespräch? Hinzuziehen von Vorgesetzten?

Es sollte also zuerst das Thema ermittelt werden, um das es auf sachlicher Ebene geht. Wer hat mit wem ein Problem bzw. einen Konflikt? Was ist der Kern der Sache: Geht es um verhandelbare Interessen, um persönliche Befindlichkeiten, um Ehre, um Werte? Wer sieht wen als Ursache für seine Schwierigkeiten oder als Hindernis für seine Ziele?

Für einen Personalratsvorsitzenden ist bei Konflikten eine Rollenklärung wichtig:

- Was kann der Personalrat zur Lösung des Problems beitragen?
- Soll es im Kern der Sache darum gehen, ein Problem zu lösen?
- Haben die Parteien nur einen unterschiedlichen Informationsstand? Gibt es ein Missverständnis?
- Ist der Personalrat der richtige Ansprechpartner?
- Wurde lediglich eine Bitte an den Vorsitzenden herangetragen, die man erfüllen, aber auch ablehnen könnte?
- Ist eine Vermittlung durch den Personalrat möglich und gewollt? Oder wird das Gremium nicht als unabhängige Instanz gesehen, etwa im Verhältnis der Führungskraft zum Mitarbeiter?

Auch müssen die Konfliktparteien ermittelt werden. Das klingt auf den ersten Blick banal. Ein Beispiel verdeutlicht jedoch, wie wichtig diese Klärung ist. Zu einem Streit über einen Urlaubsantrag wurde der Personalratsvorsitzende hinzugezogen. Zwei Mitarbeiter hatten den Antrag gestellt, der Vorgesetzte wollte in dieser Zeit jedoch nur einem Mitarbeiter den Urlaub genehmigen. Beide benötigen aber den Urlaub in der Schulferienzeit, da sie schulpflichtige Kinder haben. Nachdem deutlich wurde, dass auch andere Mitarbeiter – die ihren Urlaub unabhängig von Schulferien planen – die Vertretungsarbeit übernehmen konnten, wurde der von der Urlaubsplanung betroffene Mitarbeiterkreis erweitert. So konnte beiden Mitarbeitern der Urlaub ermöglicht werden.

4. Konfliktarten

Folgende Konfliktarten sind auch für den Personalrat bedeutsam:

- **Sachkonflikte**

  Das sind inhaltliche Kontroversen, ggf. aufgrund unterschiedlichen Verständnisses der Aufgaben, unterschiedlichen Wissensstand usw.

- **Beziehungskonflikte**

  Das sind Konflikte auf persönlicher Ebene.

- **Wertkonflikte**

  Das sind Konflikte über die Wertigkeit einer Sache

- **Methodenkonflikte**

  Das sind Konflikte über das weitere Vorgehen einer Gruppe (z. B. im Personalrat)

Beim Umgang mit einem schwierigen, möglicherweise aggressiven Kollegen sollte der Vorsitzende nicht selbst aggressiv werden. Das könnte zwar kurzzeitig zu Erfolg führen – auf Dauer dürften die Ergebnisse aber nicht zufrieden stellend sein.

Die Art der Gesprächsführung kann einen Konflikt verschärfen. Das kann erfolgen durch:

- bewerten („Das sehen Sie falsch!", „Sie übertreiben aber ganz schön!"),
- belehren („Da hätten Sie halt zuhören müssen!") oder
- befehlen („Sie müssen halt einfach mitdenken!")

Auch Du-Botschaften können den Umgang erschweren, da sie vom Gegenüber als verbaler Angriff oder unberechtigte Kritik aufgefasst werden. Ich-Botschaften erleichtern das Vorgehen.

Ich-Botschaften sind persönliche Meinungsäußerungen, die die eigene Wahrnehmung betonen, und auf der Beziehungsebene wirken sollen. Es handelt sich um diplomatische Formulierungen, durch die nicht auf eine eigene Position verzichtet wird.

Die Äußerung „Das sehen Sie falsch!" wird als Ich-Botschaft anders formuliert: „Ich sehe das anders!". Die Formulierung „Du akzeptierst mich nicht!" kann geändert werden in „Ich habe den Eindruck, dass Du mich nicht akzeptierst!". Andere Beispiele verdeutlichen die Möglichkeiten:

Beispiele:

- Statt „Du störst die Sitzung"

  Besser: „Ich fühle mich durch dein Verhalten gestört"

- Statt „Unterbrechen Sie mich doch nicht ständig"

  Besser: „Im letzten Gespräch haben Sie mich dreimal unterbrochen. Ich fühle mich unsicher, weil ich dann den Faden verliere. Können Sie mich bitte ausreden lassen?" oder: „Bei diesem Verhalten, bekomme ich das Gefühl, dass...".

Dem anderen wird verdeutlicht, dass sich der Vorsitzende in die Lage des anderen versetzen kann. Durch diese Formulierungen fühlt sich der Gesprächspartner eher respektiert und ernst genommen. Denn die Äußerungen sind diplomatisch und ermöglichen es, auch über die eigenen Gefühle zu sprechen.

Sie als Vorsitzender sollten einen schwierigen Kollegen im persönlichen Gespräch auf seine Verhaltensweisen ansprechen. Dabei geht es aber nicht um globale Kritik, vielmehr sollten bestimmte Verhaltensformen angesprochen werden. Statt pauschaler Bemerkungen über seine Persönlichkeit sollte Verständnis für die eigene Situation geweckt werden:

- Erklären Sie, warum Sie Schwierigkeiten mit seinem Verhalten haben und was Sie konkret stört.
- Fragen Sie, welche Ziele er mit seinem Verhalten verfolgt.
- Im Idealfall gelingt es Ihnen, konkrete Ziele für eine Verhaltensänderung zu erreichen.
- Machen Sie aber nicht den Fehler, alles an ihm zu kritisieren – sonst ist er für Ihre Vorschläge nicht zugänglich.
- Wiederholen Sie die Aussagen des Gegenübers, damit Sie die Situation besser verstehen.
- Zeigen Sie Ihrem Gegenüber, dass Sie verstehen, was er sagt.
- Klären Sie Verständnisprobleme.

- Erklären Sie dem Kollegen, wie Sie sich fühlen und welche Auswirkungen sein Verhalten auf Ihr Wohlbefinden hat.

5. Umgang mit schwierigen Kollegen im Personalrat

Auch der Umgang im Gremium ist nicht frei von Konflikten. Ein Personalratsvorsitzender muss sich deshalb Gedanken über seine grundsätzliche Vorgehensweise machen. Bei Konflikten sind verschiedene Handlungsmöglichkeiten denkbar:

a) Konflikt ansprechen, Interessen diskutieren, Vereinbarungen treffen

Kurz zusammengefasst, lässt sich die Strategie so beschreiben:

- den Konflikt ansprechen,
- die Gefühle von den Sachinteressen trennen, aber auch die Beziehungsebene einbeziehen sowie
- die Ursachen für den Konflikt ergründen und Sachinteressen diskutieren.

Beispiel:

Ein Personalratsmitglied kritisiert das Vorgehen des Vorsitzenden und die Arbeitsverteilung des Personalrats. Dies kann der Fall sein, wenn sich ein Mitglied mit seiner Aufgabe überfordert fühlt. Das Gefühl, versagt zu haben, wird dann auf den Vorsitzenden übertragen und in Form von Sachkritik an der Arbeitsverteilung geäußert. In diesem Fall sind Sach- und Gefühlsebene zu trennen, indem der Vorsitzende nicht direkt auf persönliche Angriffe eingeht. Entscheidend ist vielmehr die Frage, wie dies für die Zukunft vermieden werden kann. Es sollte also bei der Arbeitsverteilung auch über die konkrete Unterstützung der einzelnen Personalratsmitglieder gesprochen werden.

b) Konflikt nicht ansprechen, Symptome deuten, Ursachen beseitigen

Konflikte können auch andere Ursachen haben. Häufiges Zuspätkommen oder aggressive Stimmung bei Sitzungen können Hinweise an den Vorsitzenden in seiner Funktion als Sitzungsleiter sein. Möglicherweise sind die Bedürfnisse der Teilnehmer nicht berücksichtigt worden. Dies kann das Bedürfnis nach Kontakt mit den Kollegen sein.

Erkennt der Personalratsvorsitzende die Symptome, kann er Gegenmaßnahmen ergreifen, ohne dies in der Gruppe zu diskutieren. Das kann eine Pause sein oder zu Beginn der Sitzung Zeit für die einzelnen Mitglieder, damit sich die über die Situation in ihren Abteilungen austauschen können.

c) Eigene Konfliktmechanismen reflektieren

Jeder Konflikt sollte Anlass sein, über das eigene Verhalten nachzudenken:

- Welches Verhalten der Personalratsmitglieder in einer Sitzung nehme ich als Störung wahr?
- Wie wirkt dieses Verhalten auf meine Gefühlswelt?
- Wie verändert die Gefühlslage meine Wahrnehmung?
- Welche Automatismen kann ich an mir erkennen?

Es ist nicht einfach, das eigene Verhalten zu hinterfragen. Gerade in schwierigen Situationen ist es aber selten nur eine Person, die für eine Eskalation eines Konflikts sorgt.

6. Konflikte von Personalratsmitgliedern mit Vorgesetzten

Bei Konflikten von Personalratsmitgliedern mit Vorgesetzten ist der Vorsitzende besonders gefordert. Ein Beispiel schilderte ein Personalratsvorsitzender in einem Seminar:

Beispiel:

Die Mitarbeiterin in der Verwaltung einer Uniklinik hatte ein gutes Arbeitsverhältnis zu ihrem Vorgesetzten. Sie arbeitete schon seit mehreren Jahren in seiner Abteilung, erhielt immer mindestens gute Beurteilungen. Nachdem sie ihre Kandidatur für den Personalrat bekannt gab, änderte sich jedoch schlagartig der Umgang. Der Vorgesetzte reagierte bereits auf den Plan gereizt und versuchte, sie davon abzuhalten. Sie kandidierte dennoch und wurde gewählt. Der Vorgesetzte versuchte sie einzuschränken, wo er konnte. Sie wurde mit Arbeit überhäuft – just immer in den Momenten, in denen sie Personalratstätigkeiten (Besprechungen und aufsuchende Gespräche) wahrnehmen wollte bzw. diese wahrnahm. Die Konsequenz: sie dufte sich anhören, dass ihre Leistungen abgefallen sind, was sich dann auch im letzten Beurteilungsgespräch zeigte.

In diesem Fall ist der Personalrat besonders gefordert, denn der Vorgesetzte verstößt gegen Vorgaben des Personalvertretungsgesetzes, wonach die Mitglieder des Personalrats in der Ausübung ihrer Tätigkeit nicht gestört oder behindert werden dürfen. Sie dürfen wegen ihrer Personalratszugehörigkeit auch nicht benachteiligt werden. Die Vorgehensweise des Vorgesetzten ist also kein „Kavaliersdelikt", sondern eine Behinderung der Personalratsarbeit. Hier muss das Gremium dem Vorgesetzten und der Personalabteilung gegenüber aktiv werden.

Kommt es – so wie in diesem Beispiel – zu Konflikten mit dem Vorgesetzten, sollte sich der Personalratsvorsitzende rechtzeitig einschalten. So wird deutlich, dass sich das Gremium auch für die Rechte der einzelnen Mitglieder einsetzt. Und das wirkt positiv auf den Zusammenhalt des Gremiums.

7. Moderation

Der Umgang in einer Gruppe kann manchmal nur durch Unterstützung von außen verändert werden. Ein Ansatz des Personalrats kann deshalb sein, bei schwierigen Themen, mit denen sich das Gremium beschäftigt, einen externen Moderator hinzuzuziehen. Dieses Vorgehen ist vor allem auch dann sinnvoll, wenn es um emotional belastende Themen geht. Dies kann der Fall sein, wenn auch Personalratsmitglieder von Versetzungen betroffen sind und das Gremium eine gemeinsame Strategie festlegen muss. Der Moderator kann als Sachverständiger hinzugezogen werden.

Ziel dieser Moderation ist es, den Meinungsbildungsprozess des Gremiums zu erleichtern, ohne inhaltlich einzugreifen. Der Erfolg dieser Maßnahme hängt auch von der Haltung des Moderators ab, der seine eigene Meinung zurückstellen muss.

Fragen werden als Werkzeug genutzt, um die Kommunikation in Gang zu setzen. „Fragen statt sagen" lautet ein Instrument des Moderators. Seine Aufgabe ist in diesen Situationen

- den Prozess der Kommunikation organisieren, also eine zielgerichtete Diskussion anzuregen und
- die Bedürfnisse, die Meinungen und die Ziele der einzelnen Personalratsmitglieder sichtbar zu machen, um über eine gemeinsame Position diskutieren zu können.

Auch das „Doppeln" ist ein wichtiges Instrument. Hat der Moderator den Eindruck, Äußerungen seien unklar, versucht er, Aussagen deutlicher zu formulieren. Unter der Voraussetzung, dass der Betroffene zustimmt, wird der Externe fragen: „Darf ich neben Sie kommen, etwas zum Gremium sagen und Sie sagen anschließend, ob es stimmt?"

Der Moderator darf aber nicht gegen die Gruppe ankämpfen, indem er eigene Meinungsäußerungen einbringt. Er soll das Gremium nicht steuern, sondern den Mitgliedern helfen, selbstständig eigenverantwortliche Lösungen zu finden. Und er muss in der Lage sein, seine persönliche Meinung zurückzustellen und alle Mitglieder gleich wichtig zu nehmen. Nur wenn er keine der unterschiedlichen Meinungen inhaltlich bewertet, findet er auch Akzeptanz bei allen Mitgliedern des Gremiums.

Checkliste: Die Phasen der Moderation im Überblick

Phase 1: Einstieg

- Eröffnung
- Klären der Erwartungen
- Vorstellen des Ablaufs

Phase 2: Themensammlung

- Was soll besprochen werden?
- Kartenabfrage
- Dann: Karten werden thematisch in Rubriken zusammengefasst, für einzelne Rubriken können Überschriften sinnvoll sein

Phase 3: Themenauswahl

- Welche Themen sollen besprochen werden?
- Festlegung der Reihenfolge durch die Personalratsmitglieder

- ggf. über Mehrpunktabfrage klären, welche Themen wichtig sind
- Dabei erhält jedes Mitglied eine bestimmte Anzahl an Klebepunkten, die zu dem Thema, das zu besprechen ist, geklebt werden; das Thema mit den meisten Punkten wird zuerst besprochen

Phase 4: Themenbearbeitung

Bearbeiten der Themen in festgelegter Reihenfolge. Eine Aufteilung ist sinnvoll in die Phasen:

a) Datenphase

Sammeln von Daten, ggf. weitergehender Informationen (z. B. Zielsetzung der Verhandlungen zum Interessenausgleich)

b) Alternativphase

Zusammentragen von Lösungsideen (z. B. mögliche Inhalte des Interessenausgleichs); Wichtig: zunächst Sammeln der Themen, aber keine Bewertung!

c) Entscheidungsphase

Erst in dieser Phase beginnt die Diskussion: Vor- und Nachteile der einzelnen Varianten werden gegenübergestellt.

Phase 5: Maßnahmenplanung

- Nach der Themenbearbeitung erfolgt die Planung konkreter Maßnahmen
- Ziel der Maßnahmenplanung: Verbindlichkeit herstellen
- Das Gremium muss klären: Wer erledigt bis wann welche Aufgaben?

  Findet sich niemand für die Aufgabe, ist die Aufgabe zu streichen oder festzulegen, wer sich bis wann um einen Verantwortlichen kümmert.

Phase 5 ist die entscheidende Phase der Moderation: Die Mitglieder müssen „Farbe bekennen, denn möglicherweise entsteht während der Veranstaltung eine Euphorie der Teilnehmer, bei der die Kapazitäten nicht realistisch eingeschätzt werden!

Die wichtigen Aufgaben des Moderators in dieser Phase:

- auf Verantwortlichkeiten achten und
- vor Euphorie warnen.

Phase 6: Abschluss

- Die inhaltliche Arbeit ist beendet.
- Es muss ein Rückblick auf die Veranstaltung erfolgen.

8. Schlussfolgerungen aus Sicht des Vorsitzenden

Konflikte treten in der Gremienarbeit immer wieder auf. Auch der Umgang im Gremium ist nicht frei davon. Der Vorsitzende muss sich deshalb frühzeitig über seine grundsätzliche Vorgehensweise im Klaren sein, um situationsbedingt handeln zu können.

Changemanagement: Veränderungen in der Verwaltung

1. Häufige Veränderungen in Dienststellen 128
2. Changemanagement aus Sicht des Unternehmens 128
3. Projektarbeit und Handlungsmöglichkeiten des Personalrats 131
4. Vorgehensweise in einzelnen Schritten 133
5. Schlussfolgerungen aus Sicht der Personalvertretung .. 134

1. Häufige Veränderungen in Dienststellen

Unternehmen sind immer wieder Veränderungen unterworfen. Technische Neuerungen, die Veränderung von Arbeitsabläufen, die Erweiterung von Geschäftsfeldern oder die Fusion von Unternehmen – Personalräte können aus ihrer betrieblichen Praxis heraus eine Reihe von Veränderungsprozessen benennen, die gravierende Auswirkungen auf die Beschäftigten haben. Der Umgang mit diesen Veränderungsplanungen ist deshalb eine wichtige Aufgabe des Personalratsvorsitzenden.

2. Changemanagement aus Sicht des Unternehmens

Aus Sicht der Dienststellenleitung ist es eine große organisatorische Aufgabe, Umstrukturierungen zu gestalten und erfolgreich abzuschließen. Um diesen Ablauf reibungslos und zielgerichtet zu gestalten, haben Unternehmensberater das Konzept des Changemanagements entwickelt.

Unter dem Begriff „Changemanagement" wird die Summe aller Konzepte und Methoden zur Steuerung und Begleitung von Veränderungsprozessen in Organisationen verstanden. Ziele von Changemanagement sind vor allem

- den Wandel der Organisation zu unterstützen,
- anstehende Planungen gezielt umzusetzen (z. B. die Umgestaltung von Abteilungen oder die Einführung neuer Technik), und
- das Risiko des Scheiterns zu verringern.

Für die Personalvertretung ist es wichtig, diesen Ansatz zu kennen, um eigene Strategien zu entwickeln.

Die Unternehmensberater Klaus Doppler und Christoph Lauterburg haben zur schrittweisen Vorgehensweise folgende Prinzipien entwickelt:

a) keine Maßnahme ohne Diagnose

b) zielorientiertes Management

c) Beteiligung der Betroffenen

a) Keine Maßnahme ohne Diagnose

Eine sorgfältige Lagebeurteilung sollte am Anfang jeder Veränderung stehen. Eine systematische Analyse der Ist-Situation ist Voraussetzung, um den Soll-Zustand konkret beschreiben zu können. Die Datengrundlage für die Bestandsaufnahme einer bestimmten Organisationseinheit kann – so der Changemanagement-Ansatz – nur direkt aus diesem Bereich kommen.

Deshalb steht häufig anfangs eine Befragung zumindest der Führungskräfte, häufig auch von betroffenen Mitarbeitern:

- Was läuft gut? Was läuft nicht so gut?
- Was für Veränderungen sind angezeigt?
- Wie können sie realisiert werden?

Nach dieser Befragung wird eine Diagnose anhand folgender Schritte empfohlen, wobei die Befragung als Datenerhebung die Basis darstellt:

- Datenverdichtung: Reduktion der Datenflut auf das Wesentliche
- Datenanalyse:Analyse der Zusammenhänge, Definition der Schwachstellen, Aufzeigen von Lösungsansätzen
- Datenfeedback: Information der Beteiligten über die Ergebnisse.

Nach dem Ansatz des Changemanagements ist die Veränderung ganzheitlich anzugehen. Die Planung ist nicht nur auf die technischen und strukturellen Ebenen zu beziehen. Auch das Arbeitsklima, die Motivation der Mitarbeiter und der Ablauf von Entscheidungsprozessen werden thematisiert:

- Ist bei Planung einer neuen Struktur die Führungskultur berücksichtigt?
- Sind den Beschäftigten die Ziele des Projektes verständlich?
- Ist das Projekt personell ausreichend besetzt, sind die einbezogenen Mitarbeiter kompetent? Haben die Projektmitarbeiter ausreichend Zeit?

b) Zielorientiertes Management

Systematische Planung ist eine Voraussetzung zur Umsetzung von Veränderungen. Über folgende Punkte sollte deshalb zu Beginn der Planungen Klarheit herrschen:

11

Ausgangslage

- Wo liegen die Probleme?
- Warum ist Veränderung angesagt? Wie begründet sich der Handlungsbedarf?

Zielsetzung

- Welches sind die Ziele des Vorhabens?
- Was soll konkret erreicht werden?
- Was wird danach anders sein, als es jetzt ist?

Erfolgskriterien

- Welches sind die Kriterien der Zielerreichung?
- Wie soll der Projekterfolg qualitativ und quantitativ beurteilt werden?

Organisation

- Wie sollen die Aufgaben verteilt sein?
- Wer hat welche Aufgabe?
- Wer ist für die Koordination verantwortlich?
- Wo liegt die Verantwortung für Entscheidungen?
- In welchen Phasen erfolgt die schrittweise Vorgehensweise?
- Wie sieht der Terminplan des Projekts aus?
- Wann muss jede einzelne Phase beendet sein?

Die Klärung der Fragen gilt als entscheidend für ein Zusammenwirken im Rahmen des Veränderungsprozesses.

c) Beteiligung der Betroffenen

Der aktive Einbezug der Mitarbeiter und Führungskräfte hat im Rahmen des Changemanagements folgenden Hintergrund:

- Praxisgerechte Lösungen: Die betroffenen Mitarbeiter kennen die Details und wissen, auf was besonders geachtet werden muss, damit die neue Organisation in der Praxis auch funktioniert.
- Motivation: Wer an der Erarbeitung der Vorgehensweise beteiligt ist, wird sich bei der Umsetzung auch engagiert einbringen.

- Identifikation mit dem Unternehmen: Wer aktiv etwa durch Projektarbeit in die Entscheidungsfindung einbezogen wird, akzeptiert Veränderungen eher.

Eine wichtige Aufgabe der Führungskräfte besteht nach Doppler/Lauterburg darin, die Projektarbeit so zu gestalten, dass die Mitarbeiter nur dort beteiligt werden, wo sie auch persönlich etwas zur Umgestaltung beitragen können. Dies setzt ein Grundwissen der Führungskräfte hinsichtlich Motivation, Organisation und gruppendynamischer Prozesse voraus.

Aus Sicht der Personalräte ist dabei problematisch:

- Es besteht die Gefahr einer „Scheinbeteiligung" der Beschäftigten, die Auskunft über ihr tägliches Arbeitsumfeld geben sollen,
- aber das Gesamtkonzept der Umgestaltungen – mit allen Auswirkungen auf die Arbeitsplätze – nicht einschätzen können!

3. Projektarbeit und Handlungsmöglichkeiten des Personalrats

Die Umsetzung betrieblicher Veränderungen wird häufig in Form von Projektarbeit angegangen. Ein Projekt ist ein Vorhaben, bei dem innerhalb eines definierten Zeitraums ein definiertes Ziel erreicht werden soll. Dieses Ziel ist im Wesentlichen ein einmaliges Vorhaben. Es handelt sich meist um komplexe Vorhaben, bei denen es eine Vielzahl von Lösungswegen gibt, deren Erfolg zu Beginn des Projekts nicht immer vorhersehbar ist.

Dabei kann es sich um Umstrukturierungen oder den Einsatz neuer Technik handeln, die durch ein Projekt umgesetzt werden sollen.

Nach § 66 Abs. 1 BPersVG (und vergleichbaren Regelungen der Landespersonalvertretungsgesetze) hat die Information des Personalrats so rechtzeitig zu erfolgen, dass Vorschläge und Bedenken der Interessenvertretung bei der Planung noch berücksichtigt werden können. Der Arbeitgeber hat mit dem Personalrat bereits im Planungsstadium die vorgesehenen Maßnahmen und ihre Auswirkungen auf die Belegschaft zu beraten. Zum Informationsanspruch zählt auch ein Projektplanungskonzept, der folgende Punkte beinhalten sollte:

- Definition des Projekts: Anlass und Ziele
- Planungen zum Ablauf : Terminplanung, Beginn und Ende des Projekts
- Controllingmaßnahmen: Zielüberprüfung und Bewertungskriterien

Sollte die Dienststellenleitung eine Projektgruppe einrichten, sind die Aufgaben dieser Gruppe zu klären. Meist wird die Projektorganisation einer Steuerungsgruppe übertragen; deren Aufgaben umfassen:

- Festlegung von Projektzielen
- Aufgabenteilung im Projekt
- Überwachung der zeitlichen Planung
- Entscheidung über die personelle Zusammensetzung der Projektgruppe

Im Vorfeld muss dem Personalrat die Projektorganisation dargelegt werden. Dazu zählt die personelle Zusammensetzung der Projektgruppe. Beantwortet werden sollten zumindest folgende Fragen:

- Wann soll das Projekt erste Zwischenschritte bekannt geben?
- Wann will die Geschäftsleitung über das weitere Vorgehen entscheiden?

Eine Zeitachse ist wichtig, damit die Arbeitnehmervertretung immer auf dem Laufenden bleibt!

Für den Personalrat stellt sich die Frage, ob er sich in diese Steuerungsgruppe oder das Projektteam integrieren lässt. Die Entscheidung sollte abhängig von der betrieblichen Situation getroffen werden. Eine Einbindung der Arbeitnehmervertretung, die aus Unternehmenssicht nur der Akzeptanzförderung dient, muss der Personalrat ablehnen. Es empfiehlt sich oftmals, ein Verfahren zur Information der Interessenvertretung festzulegen, damit eine rechtzeitige und umfassende Unterrichtung sichergestellt ist. Nur so kann der Personalrat noch in der Planungsphase Einfluss nehmen. Auch über die Hinzuziehung eines externen Sachverständigen bereits in dieser Phase ist nachzudenken.

Bei der Zusammensetzung der Projektgruppe ist auf die Beteiligung von Mitarbeitern aus allen betroffenen Abteilungen zu achten. Der Personalrat muss darauf Einfluss nehmen, dass die Erfahrungen und Bedürfnisse aller Betroffenen in die Projektarbeit einbezogen werden. Dazu können direkte Gespräche oder Versammlungen mit den Beschäftigten beitragen. Die Beteiligung der Belegschaft an der Projektarbeit ist eine zusätzliche Aufgabe für die Beschäftigten; die Dienststellenleitung muss Ressourcen für diesen zusätzlichen Zeitaufwand einplanen. Der Personalrat sollte deshalb eine Regelung zur Personalplanung und für Vertretungen in den betroffenen Abteilungen anstreben.

4. Vorgehensweise in einzelnen Schritten

Da bei der Umsetzung von Projektarbeit oft Mehrarbeit anfällt, kann der Personalrat dies im Rahmen der Verhandlungen für eine Dienstvereinbarung zu den geplanten Veränderungen zum Thema machen und die Zustimmung zu diesen Überstunden vom Entgegenkommen in anderen Fragen abhängig machen.

In Verhandlungen mit der Dienststellenleitung über Umstrukturierungen oder die Einführung neuer Technik ist es vor allem wichtig, dass die Arbeitnehmervertretung mit einer klaren Position auftritt. Dies setzt Beratungen des Gremiums in seinen Sitzungen zu diesen Themen voraus.

Praxis-Tipp:

Zunächst ist es wichtig, Informationen zu beschaffen. Eine Bestandsaufnahme zu bestehenden technischen Einrichtungen ist ebenso wichtig, wie die aktuellen Planungen des Arbeitgebers zu den anstehenden technischen und arbeitsorganisatorischen Veränderungen:

- Welche Beschäftigten sind betroffen?
- Welche Auswirkungen haben die geplanten Veränderungen auf die Beschäftigten? Sind Arbeitsplätze gefährdet? Ändern sich Arbeitsabläufe?
- Was sagt die Dienststellenleitung verbindlich zu den Planungen?
- Welche Gründe sprechen aus Sicht der Dienststelle für die technisch-organisatorischen Änderungen? Sind die geschilderten Gründe aus Personalratssicht plausibel?

- Welche Alternativen wurden geprüft? Warum wurden sie nicht weiterverfolgt?
- In welchem Zusammenhang steht der Technikeinsatz zum E-Government-Ansatz des Bundeslandes oder zur Umsetzung des Onlinezugangsgesetzes?

Nach der Informationsbeschaffung muss die Arbeitnehmervertretung ihre Zielsetzung klären. Besonders wichtig ist die Diskussion im Gremium:

- Was sind die Ziele des Personalrats?
- Welche Möglichkeiten, gestaltenden Einfluss auf die Planungen des Arbeitgebers zu nehmen, hat das Gremium?
- Ist ein eigenes Verhandlungskonzept sinnvoll?
- Welche Konflikte kommen auf den Personalrat zu?

Die Forderungen sind zu klären:

- Welche Alternativen sind denkbar?
- Ist es sinnvoll, gemeinsam mit den betroffenen Arbeitnehmern des Bereiches eine andere Variante hinsichtlich der Arbeitsorganisation zu entwickeln?
- Wie kann Verhaltenskontrolle vermieden werden?
- Können statt Personalkostendiskussionen Konzepte zur Gewinnung zusätzlicher Kunden entwickelt werden?

5. Schlussfolgerungen aus Sicht der Personalvertretung

Für den Personalrat ist es wichtig, Zielsetzung und Ausrichtung der Veränderungsplanung zu verstehen und die einzelnen Phasen einschätzen zu können. Die Vorgehensweise des Arbeitgebers gemäß Changemanagement,

- ein zielorientiertes Management zu betreiben,
- durch eine Bestandsaufnahme den Stand der Dinge zu ermitteln („Keine Maßnahme ohne Diagnose") und
- die Betroffenen zu beteiligen,

gilt auch für die Arbeitnehmervertretung. Auch das Gremium muss die Ist-Situation ermitteln, eine eigene Strategie entwickeln und rechtzeitig die Belegschaft informieren.

Selbstcoaching: Stärken und Schwächen erkennen

1. Standortbestimmung 138
2. Ziele entwickeln 139
3. Zeitmanagement 141
4. Das Modell des „inneren Teams" 142
5. Verhältnis zur Macht 144
6. Selbstcoaching als Anregung für den Vorsitzenden 145

1. Standortbestimmung

Stressige Situationen, das Gefühl etwas zu vergessen und zwischen den Stühlen zu sitzen, sind für viele Vorsitzende Alltag. Die Anforderungen an den Personalrat wachsen. Verwaltungsmodernisierung, der gesellschaftliche, technologische und demografische Wandel macht auch vor diesem Gremium nicht Halt und stellt es vor große Herausforderungen.

Sich konkrete Ziele zu setzen, um die Interessen der Beschäftigten wahrnehmen zu können, kann bei der Fülle von „theoretischen" Aufgaben helfen, eine erfolgreiche Gremienarbeit zu machen. Dabei können Elemente des Coachings helfen, vor allem Selbstcoaching.

Durch Coaching können eigene Schwächen und Stärken erkannt werden. Dem Vorsitzenden kann Coaching helfen, Möglichkeiten der Delegation zu entwickeln und gemeinsam mit dem gesamten Gremium Ziele zu entwickeln. Während beim Coaching ein externer Berater, ein unabhängiger Coach, unterstützen sollte, kann sich beim Selbstcoaching der Vorsitzende anhand von Fragen über die eigenen Aufgaben und Ziele Gedanken machen, um den eigenen Arbeitsstil zu hinterfragen.

Die Arbeit einer Interessenvertretung ist von Hochs und Tiefs geprägt. Einmal feiert der Personalrat Erfolge, ein anderes Mal werden Ziele weit verfehlt. Zunächst ist deshalb eine Standortbestimmung wichtig. Dazu gehört ein Blick zurück auf die bisherigen Erfolge:

Der erste Rückblick kann mit einer „Fantasiereise" beginnen:

- „Wenn ich 80 Jahre alt bin und auf meine Zeit als Vorsitzender zurückblicke, was sind aus dieser Sichtweise meine persönlichen Erfolge? Worauf bin ich stolz?"
- Die Fragenden sollen sich so bewusstwerden, welche Erfolge ihnen wichtig sind und welche Bereiche der Arbeit im Betriebs- oder Personalrat für Zufriedenheit sorgen.

Im nächsten Schritt sollten Sie als Vorsitzender überlegen, was Sie bisher aus Krisen und Niederlagen gelernt haben:

- Welche Krisen und Niederlagen habe ich gemeistert und durchgestanden?
- Was habe ich daraus gelernt?

Danach machen Sie sich bewusst, welche Ihrer persönlichen Stärken Ihnen geholfen hat:

- Welche Stärken habe ich?
- Was trägt zu meinen Erfolgen bei?
- Ohne Bescheidenheit: Schildern Sie Ihre Erfolgsbilanz!

Ziel dieses Rückblicks ist es, die eigenen Motivationsquellen zu erkennen:

- Wo sind meine Motivationsquellen?
- Was ist für mich eher Motivationsräuber? Was raubt mir Kraft?
- Gibt es Aufgaben, die mich allein überfordern, bei denen ich die Unterstützung des Gremiums benötige? (Hinweis: Diese Aufgaben können dann auch zum Delegieren geeignet sein.)
- Welche Einstellungen habe ich zu meiner Aufgabe im Personalrat?

Der Rückblick ist wichtig, um über erreichte Erfolge nachzudenken. Diese „ruhigen Minuten" sollte sich der Vorsitzende regelmäßig nehmen. Denn häufig kann sich ein Gremium nicht über Erfolge freuen, da schon wieder das nächste Thema ansteht.

2. Ziele entwickeln

An die Standortbestimmung sollte die Entwicklung der Ziele anknüpfen:

- Welche Themen will der Personalrat inhaltlich besetzen?
- Welche Themen kommen auf die Belegschaft zu?
- Welche Dauerthemen schiebt das Gremium vor sich her?

Oft gibt es Themen, die den Personalrat schon seit Längerem beschäftigen. Dies kann die Missachtung der Informationspflichten durch den Arbeitgeber oder die Ableistung von Überstunden ohne Zustimmung des Gremiums sein. Solche Dauerprobleme belasten, oft in erster Linie den Vorsitzenden, da keine Lösung in Sicht scheint. Je präziser ein Ziel formuliert ist, umso besser eignet es sich als Orientierungsmarke:

- Kann ich mein Ziel kurz und treffend beschreiben, ohne dass ich mehr als einen Satz benötige?

- Kann ein interessierter Dritter verstehen, was ich damit meine?
- Bin ich begeistert von der Vorstellung dieses Ziel zu erreichen?

Nicht immer können Ziele des Personalrats in so knappen Worten formuliert werden. Einzelne Schritte können helfen, die Ziele zu erreichen.

Das Ziel sollte dann schriftlich festgehalten werden:

- Ziele positiv formulieren!
- Die Realitätstauglichkeit prüfen: Ist das Ziel erreichbar? Oder ist es zu hoch angesetzt?
- Welche Zwischenziele sind möglich? Gibt es kurz-, mittel-, langfristige Ziele?

Der Rückblick und die Fragen zur Zielsetzung können auch zur Vorbereitung auf die Klausurtagung des Personalrats dienen.

Beispiel: Überstunden ohne Zustimmung des Personalrats

Seit Längerem wurden Überstunden ohne Zustimmung des Personalrats geleistet. Nachdem dieses Thema immer wieder in den Personalratssitzungen angesprochen wurde, nahm der Vorsitzende sich der Sache an. Das Gremium sollte entscheiden

- Wollen wir etwas ändern?
- Was wollen wir erreichen?
- Wie wollen wir es erreichen?

Nach längerer Diskussion war sich der Personalrat einig, dass Handlungsbedarf besteht. Für die nächste Sitzung prüften zwei benannte Personalratsmitglieder die rechtlichen Rahmenbedingungen, auch – und insbesondere – bestehende Tarifverträge und Dienstvereinbarungen.

In der nächsten Sitzung wurde dann beschlossen, die Dienststellenleitung aufzufordern, die Mitbestimmungsrechte zu wahren und zukünftig ist die Zustimmung des Personalrats vor Ableistung der Überstunden einzuholen. Zwei Personalratsmitglieder überprüften anhand der Arbeitszeitenlisten, ob die Rechte des Personalrats gewahrt wurden. Nach jedem Verstoß wurde der Arbeitgeber darauf hingewiesen und beim dritten Verstoß die rechtlichen Folgen benannt. In einem Monatsgespräch wurde die Dimension des Gesetzesverstoßes verdeutlicht, so dass eine

Ableistung der Überstunden ohne Zustimmung des Personalrats unterblieb. Gleichzeitig wurden auch die Beschäftigten über die Vorgehensweise des Personalrats informiert. Das entschlossene Auftreten des Personalrats, verdeutlichte der Dienststellenleitung den Handlungsbedarf; diese ging das Problem dann konsequent an und sorgte für Abhilfe.

Um ein Ziel zu erreichen, sind verschiedene Erfolgsfaktoren von Bedeutung. Fragen für ein Erfolgsrezept können sein:

Fragen für ein Erfolgskonzept

- Überlasse ich Dinge, die ich erreichen möchte, dem Zufall?
- Gibt es Dinge, die mir helfen würden, motiviert zu bleiben?
- Welche mentalen Faktoren bringen mich zu Bestleistungen, wenn ich an einem Thema arbeite?

  Mentale Faktoren aus Sicht des Vorsitzenden können sein: Teamarbeit, positive Rückmeldungen zu erledigten Aufgaben aus dem Personalratsgremium
- Welche Störfaktoren bringen mich aus dem Konzept?
- Was hilft mir, wenn ich unter Zeitdruck stehe und Termine einhalten muss?

3. Zeitmanagement

Neben einer Verteilung der Arbeit innerhalb des Personalrats spielt beim Gefühl vieler Vorsitzender, „nicht fertig zu werden", auch fehlendes Zeitmanagement eine Rolle. Manche Vorsitzende bereiten sich die Probleme selbst:

- Unentschlossenheit – Entscheidungen vor sich herschieben.

  Eine Faustregel sollte lauten: Wenn es keinen guten Grund gibt, etwas aufzuschieben, sollte man es entweder sofort tun oder festlegen, wann es getan wird.
- nicht „Nein" sagen können

  Nicht jede Aufgabe muss der Vorsitzende übernehmen. Wer nicht „Nein" sagen kann, erkennt das spätestens daran, dass er öfter bereut, „Ja" gesagt zu haben.

- der „innere Schweinehund"

  Man lässt sich durch Plauderpausen, Internet oder Telefonate ablenken.

- kleine Arbeiten vorziehen, um die großen Aufgaben verdrängen zu können

  Ein Beispiel kann sein, Ablagetätigkeiten zu erledigen – statt die Rede für die nächste Betriebsversammlung vorzubereiten.

- Unterbrechungen, die den Arbeitsrhythmus stören

  Das Telefon klingelt, unangemeldeter Besuch kommt vorbei.

- Aufgaben nicht zu Ende führen, sondern aufhören, wenn man an einem Unlustpunkt angekommen ist

  Das macht nur Sinn, wenn man am nächsten Tag weiterarbeitet, darf aber nicht zum Endlosverschieben führen.

- schlecht vorbereitete Sitzungen

  Ziel, Sinn und Tagesordnung der Besprechung sind dann unklar. Das schafft entweder innere Resignation oder Aggressivität.

- schlechtes Ablagesystem

  Die erfolglose Suche nach Arbeitsmaterial und Unterlagen ist ein großer Zeitfresser und zeigt die Wichtigkeit eines guten Ordnungssystems.

Personalchefs versuchen nicht selten, den Vorsitzenden zu einer schnellen Stellungnahme zu bringen. Auch kann sich durch Kollegen eine Anfrage ergeben, die „eben mal schnell" beantwortet werden soll. Schnelle Auskünfte sind selten von Vorteil. Eine gelassene Reaktion und der Hinweis, dass der Personalrat die Frage zunächst klären bzw. sich informieren muss, bewahren vor vorschnellen Reaktionen.

4. Das Modell des „inneren Teams"

In manchen Situationen ist ein Vorsitzender im wahrsten Sinne des Wortes hin- und hergerissen. So schilderte mir ein Vorsitzender seine innere Unsicherheit, als er von einem Personalratsmitglied angesprochen wurde. Der Kollege hatte – nach längeren Diskussionen im Gremium – erstmals in seiner Amtszeit eine Aufgabe im Rahmen der Delegation übernommen. Nach zwei Wochen kam er aber zum Vorsitzenden und bat ihn, die Erstellung der Eckpunkte für eine

Dienstvereinbarung zu übernehmen. „Ich habe in meiner Abteilung zu viel zu tun", war die Begründung des Kollegen. Der Vorsitzende war unsicher, wie er reagieren sollte. Es kamen ihm unterschiedliche Gedanken:

- „Dem Kollegen helfe ich gerne."
- „Er hat sich immer wieder vor Aufgaben gedrückt, jetzt soll er das mal alleine ausarbeiten."
- „Das Thema ist äußerst wichtig. Wenn ich heute Nachmittag länger bleibe, kann ich die Ausarbeitung bis morgen Mittag fertig haben."
- „Vielleicht hätte ich beim Delegieren auf eine detaillierte Absprache bestehen sollen."
- „Vielleicht sollte ich mir das Material mit dem Kollegen zusammen ansehen."

Der Kommunikationswissenschaftler Friedemann Schulz von Thun hat für diese Wahrnehmung den Begriff „Inneres Team" geprägt. Wenn wir in uns hineinhorchen, findet unbewusst ein Argumentationsaustausch statt. Dieses Abwägen findet nach der Theorie des „inneren Teams" mit unterschiedlichen „Teammitgliedern" statt. Das eine Teammitglied ist forsch, das andere zögerlich, das nächste ärgerlich und wütend ...

Es handelt sich dabei nicht um eine seelische Störung, sondern um eine ganz normale menschliche innere Pluralität. Es sind die unterschiedlichen Gedanken, die uns gleichzeitig beschäftigen und die Schulz von Thun als „Team" bezeichnet.

Diese Situationen hat jeder Vorsitzende schon erlebt, indem er „ein seltsames Bauchgefühl" bei einer Entscheidung hatte. Ziel muss es sein – so Schulz von Thun – diese Teammitglieder in einer gemeinsamen Teamsitzung zusammenzubringen, um nach einem Austausch der Argumente eine Entscheidung treffen zu können. Dazu müssen zunächst die Teammitglieder, die sich zu der Frage äußern wollen, identifiziert werden. Oft gelingt das erstaunlich gut, wenn man sich ein wenig Zeit nimmt, in sich hineinzuhören.

Dieses Beispiel macht deutlich, wie sensibel der Vorsitzende auf die Problemschilderung des Personalratsmitglieds reagieren muss. Das Rückdelegieren der Aufgabe ist die schlechteste Lösung. Wie bisher würde der Vorsitzende die Arbeit erledigen und das andere Mitglied würde seine Verhaltensweise nicht ändern. Eine brüske Zurückweisung würde zur Gegenreaktion des Betroffenen führen, der dann sicher keine weiteren Aufgaben mehr übernehmen würde. Der Vorsitzende hat eine sinnvolle Vorgehensweise gewählt, indem er auch die eigene Handlungsweise hinterfragt. Gemeinsam mit dem Gremiumsmitglied wurde eine Bestandsaufnahme vorgenommen, der Termin verschoben – jedoch mit verbindlicher Terminsetzung – und Tipps zur Umsetzung gegeben. Beim nächsten Delegieren von Aufgaben bereitete der Vorsitzende die Weitergabe der Aufgaben besser vor (weitere Erläuterungen zum schrittweisen Delegieren sind im Kapitel 5 „Delegieren" zu finden).

Dieser Ansatz soll hier nicht vertieft werden, da dies ein eigenes Buchthema wäre und es bereits praxisorientierte Literatur dazu gibt (besonders empfehlenswert ist das Standardwerk von Friedemann Schulz von Thun „Miteinander reden", Band 1 bis 3).

Die Theorie des Inneren Teams zeigt jedoch, wie wichtig ein besonnenes Entscheiden und Nachdenken in Ruhe aus Sicht des Vorsitzenden ist.

5. Verhältnis zur Macht

Die Rollenklärung betrifft auch Machtfragen: Welches Verhältnis hat der Vorsitzende zur Macht? Macht ist ein tabuisierter Begriff. Bei der Zusammenarbeit in einem Gremium ist aber auch Macht von Bedeutung. Macht entsteht bereits durch Organisation der Zusammenarbeit in einer Gruppe. Dies geschieht durch Regeln und Normen, die festgelegt werden. In der Personalratspraxis kann dies über eine Geschäftsordnung erfolgen.

Hierarchien sind für den Personalrat bedeutsam. Es können Machtstrukturen entstehen, wenn Macht offiziell an eine Person übertragen wird.

Der Vorsitzende hat zunächst eine Amtsmacht, die ihm vom Gesetz zugestanden wird. Formale Macht hat der Vorsitzende allein, indem er Sitzungen leitet und die Tagesordnung gestaltet – und so Einfluss auf den Verlauf einer Sitzung und die Beschlüsse nimmt. Der Machtradius des Vorsitzenden ist nicht durch Gremium und Gesetz begrenzt. Der ständige Umgang mit der Geschäftsleitung ermöglicht die Kenntnis zusätzlicher Informationen. Mit der Position sind auch Ansehen und Beliebtheit in der betrieblichen Öffentlichkeit verbunden, aber natürlich auch Neid und Misstrauen der anderen Personalratsmitglieder. Negatives Beispiel für diese Macht sind Versuche der Dienststellenleitung, Tauschgeschäften mithilfe materieller Anreize – etwa eine unberechtigte Höhergruppierung oder doe Gewährung eines nicht erforderlichen Dienstwagens – zu initiieren.

Positiv aus Sicht des Personalrats ist jedoch, dass der Vorsitzende unter Rechtfertigungszwang steht, d. h. er muss auf Verlangen einzelner Mitglieder oder des gesamten Gremiums seine Rolle erklären und seine Macht legitimieren.

Erst wenn der Vorsitzende im Sinne der Gruppe handelt, ist er also als Leiter auch anerkannt.

Der Vorsitzende hat eine besondere Funktion. Aus diesem Grund sollte er sich frühzeitig über sein Verständnis von Macht klar werden.

6. Selbstcoaching als Anregung für den Vorsitzenden

Diese Darstellung zum Coaching ist keineswegs abschließend. Es sollen Anregungen sein, über die eigene Rolle und die eigene Motivation nachzudenken, um konkrete Ziele erreichen zu können.

Coaching soll dazu dienen, eigene Schwächen und Stärken zu erkennen. Beim Coaching ist in der Regel ein externer Berater tätig, beim Selbstcoaching kann aber auch ein Personalratsmitglied einbezogen werden, zu dem der Vorsitzende Vertrauen hat. Dies kann auch der stellvertretende Vorsitzende sein.

Literatur

Doppler/Lauterburg, Changemanagement – Den Unternehmenswandel gestalten, Campus-Verlag, 14. Auflage, 2019

Epe/Fischer-Epe, Selbstcoaching, Rowohlt-Verlag, Neuauflage 2007

Hans-Böckler-Stiftung, Arbeit transformieren! Denkanstöße der Kommission »Arbeit der Zukunft«, 2017

isw München, Digitale Arbeit und Industrie 4.0, isw-Report 106, www.isw-muenchen.de, 2016

Lindinger/Goller, Changemanagement leicht gemacht, Redline Verlag, 1. Auflage, 2003

Olfert/Steinbuch, Personalwirtschaft, Kiehl Verlag, 9. Auflage, 2001

Schoof: Betriebsratspraxis von A bis Z, Bund-Verlag, 2023

Schulz von Thun, Miteinander reden, Band 1 bis 3, Rowohlt Verlag, Neuauflage 2008

Preußig, Agiles Projektmanagement, 2020

Schwarzbach, Venzke: Betriebliche Qualifizierung, Bund-Verlag, 2012

Schwarzbach, Digitale Arbeit, E-Government, Arbeit 4.0: Handlungsmöglichkeiten von Personal- und Betriebsrat, 2016

Stichwortverzeichnis

Agile Steuerung 21
Aktives Zuhören 107
Amtsmacht 60, 144
Arbeitsbefreiung 54
Aufgabenverteilung 64
Außenbild des Personalrats 46

Beratungsgespräch 106
Beratungsrechte 96
Beschlüsse 12
Besprechungsmethoden 35
Besprechungsziele 35
Beteiligungsrechte 96
Betriebliche Aktionen 92
Beziehungskonflikt 116
Brainwriting 36
Briefkastenfunktion 12

Changemanagement 128
Coaching 138

Delegieren 26, 58
Dienstbefreiung 54
Dienstellenleitung 51
Digitalisierung in der Verwaltung 83
Digital Leadership 22
Diskussionen organisieren 38
Diskussionsleiter 39
Doppelrolle des Vorsitzenden 18

Einberufung der Sitzung 13
Einbezug der Belegschaft 90
Erklärungen, Entgegennahme 12

Fragetechniken 38
Führungskompetenz 18
Führungsstile 20
Führungsverständnis 19

Geschlossener Auftritt 98
Gesprächsführung 107, 119
Grundkonsens 29

Informationsanspruch 74
Informationsmanagement 15
Informationsphase 97
Informationsrechte 96
Informationsweitergabe 91
Informelle Strukturen 29
Inneres Team 143
Interessenkonflikt 116
itbestimmungsrechte 96

Job Enlargement 61
Job Enrichment 61

Kartenabfrage 36, 45
Killerphrasen 32
Klausurtagung 47
Konfliktanalyse 117
Konfliktarten 119
Konfliktmanagement 114
Konsequentes Auftreten 46
Kreativtechniken 45

Leitung der Personalratssitzung 19

Macht 144
Mediation 102
Moderation 123
Monatsgespräch 53
Motivation 24
Motivationsinstrumente 61

14

Öffentlichkeitsarbeit 90, 92
Organisationsarbeit 19

Pendeldiplomatie 111
Personalversammlung 78
Prioritätensetzung 45
Projektarbeit 131
Protokoll 40

Repräsentant 19
Rollenklärung 18, 60, 118, 144

Schlichter 111
Selbstcoaching 138
Sitzungen organisieren 13
Sitzungsleitung 26, 29
Sitzungsvorbereitung 32
Sprachrohrfunktion 12
Standortbestimmung 138
Strategieklärung 98
Strukturierung der Sitzung 31

Tagesordnung 14, 19, 30
Teamarbeit 26, 46, 78, 98

Umgang miteinander im Gremium 47
Unterlagen, Ordnungssystem 16
Unterrichtung, umfassende 73

Verhalten gegenüber der Dienstellenleitung 51
Verhandlungen führen 96
Verhandlungsstrategie 98
Vertrauensvolle Zusammenarbeit 51
Vertretungsbefugnis 13
Vierteljahresgespräch 53
Visualisierungstechniken 36
Vorbereitung der Sitzung 32

Wahl des Vorsitzenden 12
Willkommensbrief 94

Zeitmanagement 141
Zwei-Felder-Tafel 37